Zwetschgen
Paprika
Möhre

Impressum:

© WDR, Köln, Agentur: WDR mediagroup GmbH, www.wdr4.de

Math. Lempertz GmbH
Hauptstraße 354
53639 Königswinter
Tel.: 02223/ 90 00 36, Fax: 02223/ 90 00 38
info@edition-lempertz.de
www.edition-lempertz.de

Titelbild: © Ursula Scholz
Lektorat: Annemarie Ulrich
Layout/Satz: Andrea Martens, Martens Design & Concept, Bonn
Produktion: NEOGRAFIA, a.s., Slowakei, www.neografia.sk

Dieses Buch wurde klimaneutral gedruckt.

ISBN: 978-3-96058-321-9

Fotos: © Ursula Scholz, © Adobe Stock: Kanokpol
© Jo Kirchherr, www.jokirchherr.com

Climate neutral
Print product
ClimatePartner.com/13600-1909-1001

MIX
Papier van verantwoorde herkomst
FSC® C020353
FSC www.fsc.org

Ulla Scholz

Ullas Lieblingsrezepte

Frische Marktküche

LEMPERTZ

Inhaltsverzeichnis

Winter

Alte Liebe rostet nicht

Kommen Sie mit! Ich lade Sie ein, mit mir auf den Wochenmarkt zu gehen und sich vom vielfältigen und frischen Angebot der Händler inspirieren zu lassen. Ich verrate Ihnen, was Sie vom Frühling bis tief in den Winter aus Rübstiel, Rehkeule und Regenbogenforelle alles Köstliches zubereiten können.

Meine Liebe zum Wochenmarkt wurde schon als Kind geweckt. In Sommerurlauben in Südfrankreich bestaunte ich auf dem Markt reife Melonen, Tintenfische und eingelegte Oliven. Es roch nach Thymian, Lavendel und Knoblauch. Bauersfrauen verkauften auf wackeligen Tischen selbstgekochte Marmelade und Ziegenkäse. Am Geflügelstand hingen Hahn und Huhn mit Kopf und Füßen im Federkleid. Während meine Mutter buntes Steingutgeschirr aussuchte und sich in den vielfältigen Mustern provenzalischer Tischdecken verlor, saßen mein Vater und ich längst im Café gegenüber und beobachteten das lebendige Treiben auf dem Platz. Ich habe schon damals gespürt: Der Wochenmarkt ist das pulsierende Herz einer Region.

Später als Köchin – in Köln-Nippes im Restaurant Tafelspitz – war der türkisch-deutsche Wochenmarkt auf dem Wilhelmsplatz für Wolli Braun und mich die schnelle Einkaufsquelle unmittelbar vor der Haustür.

Der Wochenmarkt ersetzt heutzutage das Fachgeschäft

Hier, wo ich jetzt lebe und arbeite, gibt es schon lange keine Metzgerei mehr. Viele Geschäftsleute können die hohen Mieten nicht bezahlen oder finden keine Nachfolger.
Da heißt es zum Markt fahren, wenn Ochsenbäckchen, Lammschulter oder Suppenhuhn auf dem Einkaufszettel stehen.

Auf dem Markt gibt es den Bio-Metzger, einen wunderbaren Gewürzstand, einen Wildhändler, den Biohof aus dem Vorgebirge, den gut sortierten Kartoffelhändler und einen Fischwagen mit frischen Forellen aus dem Bergischen Land. Mein Lieblings-Feinkosthändler verkauft Käse, Salami und Parmaschinken von kleinen Produzenten aus Italien, die er alle persönlich kennt. Wenn man gern mit frischen Lebensmitteln kocht, machen diese Einkaufsmöglichkeiten einen einfach glücklich.

Lebensmittelverschwendung und Plastikmüll vermeiden

Ob ich drei Möhren oder eine Rote-Bete-Knolle in meinen Korb lege, das spielt auf dem Markt keine Rolle. Ich kann die Mengen auf meinen persönlichen Bedarf abstimmen und in waschbaren Stoffbeuteln oder einem Einkaufskorb verstauen. Das verhindert, dass übriggebliebene Lebensmittel verderben und in der Tonne landen. Ich gehe sogar so weit, dass ich aus den Blättern von Bio-Radieschen eine leckere Suppe koche oder aus Möhrengrün ein gesundes Pesto mixe. Es gibt sogar Marktstände und ganze Märkte, wo Plastikverpackungen tabu sind und der Kunde Wurst und Käse in einer mitgebrachten Dose nach Hause transportiert.

Beim Metzger muss es nicht immer Filet oder Schnitzel heißen. Ochsenschwanz und Querrippe lassen sich genauso schmackhaft zubereiten. Oft reicht etwas durchwachsener Speck, um einem Pasta- oder Linsengericht das gewisse Etwas zu verleihen. Wenn wir ein Stück Fleisch wieder als Sonntagsbraten begreifen und viel öfter nur Gemüsegerichte, Hülsenfrüchte oder Mehlspeisen auf den Tisch bringen, ist schon ein kleiner Schritt in die richtige Richtung getan.

Der Wochenmarkt muss sich wandeln

Da sich die Arbeitswelt in den letzten Jahrzehnten völlig verändert hat, finden immer weniger Menschen Zeit, am Vormittag auf dem Markt einzukaufen. Einige Städte in NRW haben das Problem erkannt und veranstalten Abendmärkte. Oft gesellt sich ein Streetfood-Angebot dazu. Einkaufen, schnell etwas Leckeres essen und sich mit Freunden auf ein Glas Wein treffen, das lässt sich so alles wunderbar am Feierabend verbinden.

Für unsere Lieben ist nur das Beste gut genug

Nehmen Sie sich Zeit. Egal, ob Sie auf dem Markt, im Fachgeschäft oder im Supermarkt einkaufen. Achten Sie auf Qualität und kochen Sie täglich mit frischen Zutaten. Erfreuen Sie sich an guten, natürlichen Lebensmitteln. Es ist erstaunlich, was übers Jahr bei uns in der Region wächst. So manches Superfood, wie Grünkohl, Leinöl oder Rettich, lag schon bei meiner Großmutter im Einkaufskorb.

Lebensmittel sind das „Mittel" zum Leben! Liebevolle Zubereitung, gemeinsames Kochen und Backen – besonders mit Kindern zusammen, die sommerliche Kaffeetafel auf der Obstwiese im Garten, das lebhafte Tischgespräch und ein schöner Wein sind der soziale Kitt, der Freunde und Familie zusammenhält.

Frühjahr

Im Frühjahr versuche ich regelmäßig alle guten Vorsätze umzusetzen, die ich im Winter immer auf die lange Bank geschoben habe. Wenn es nicht gerade regnet, fahre ich nun mit dem Rad zum Einkaufen. In der Küche geht es jetzt leichter zu. Endlich wieder Blattsalate, Radieschen und frische Kräuter aus der Region. In meinem Garten duftet es nach Bärlauch und ich sammele Giersch, Veilchen und Waldmeister.

Am Gemüsestand türmen sich Rübstiel und Spargel auf dem Verkaufstisch. Ich freue mich sehr über Rhabarber. Mit den Erdbeeren warte ich aber noch, bis sie auch bei uns reif sind. Die heimischen Sorten schmecken um Längen besser als Erdbeeren, die von weit her mit dem Flugzeug anreisen.

Apfel-Möhren-Salat

Zitrone bringt Frische und Säure an den Salat. Das Vitamin C in der Zitrone verhindert auch, dass sich Apfel, Birne und Sellerie dunkel verfärben. Statt Sonnenblumenöl schmecken auch diverse Nussöle. Sie sorgen für ein schönes Aroma. Hier auf gute Qualität achten und Nussöle zügig verbrauchen.
Knusprige Gegenspieler sind geröstete Walnüsse, Kürbis- oder Sonnenblumenkerne. Wer allergisch ist, könnte sie durch Mandeln austauschen. Etwas Möhrengrün als Kraut mitnutzen. In den grünen Blattteilen stecken viele Vitamine. Ich bevorzuge Möhren aus ökologischem Landbau.

Apfel-Möhren-Salat

Zutaten für 2-3 Portionen

2-3 Äpfel
400 g Möhren
1 Stück Ingwer
1 Bio-Zitrone
Sonnenblumenöl
Salz
Pfeffer

Zum Garnieren
½ Apfel
Melisse, Minze oder etwas Möhrengrün

Walnusstopping
100 g Walnüsse
1 TL Butter
1 TL Honig
Salz

Zubereitung

Möhren und Äpfel schälen, dann auf einem Gemüsehobel in feine Späne reiben. Damit die Äpfel schön hell bleiben, sofort die Zitrone auspressen und über die Rohkost geben. Den Ingwer mit einem Esslöffel sauber abschaben und fein würfeln. Den Salat mit Ingwer, Salz und Pfeffer verfeinern und kurz mischen. Zum Schluss das Öl angießen und noch einmal umrühren.

Für die gerösteten Walnüsse etwas Butter in der Pfanne schmelzen und die Nüsse vorsichtig anschwitzen. Den Honig zugeben, rühren und alles leicht karamellisieren lassen. Mit einer Prise Salz vollenden. Die Nüsse auf Backpapier ausbreiten und abkühlen lassen.

Anrichten
Den Rohkostsalat auf Tellern anrichten und wahlweise mit gerösteten Walnussstücken und Minze oder Möhrengrün garnieren.

Hühnersuppe

Das, was unsere Großmütter schon immer wussten, haben amerikanische Forscher vom Nebrasca Medical Center jetzt auch wissenschaftlich bestätigt: Eine Hühnersuppe ist nicht nur eine feine Mahlzeit, sie hilft auch gegen Erkältungsbeschwerden. Im Brustfleisch von Suppenhühnern fand man reichlich Zink und Cystein. Diesen Spurenelementen sagt man nach, dass sie unser Immunsystem stärken, Entzündungen hemmen und die Schleimhäute abschwellen lassen können. Damit die Wirkung optimal ist, darf die Suppe nur leise köcheln. Aus Sicht der Köchin bin ich damit sehr einverstanden. So bleibt die Brühe schön klar und das Fleisch wird nicht trocken. Jetzt benötigen wir nur ein echtes Suppenhuhn. Das ist heutzutage gar nicht mehr so einfach, aber bei meinem Bio-Geflügelhändler auf dem Wochenmarkt werde ich meist fündig. Habe ich kein Glück, greife ich zu einer Poularde, die sonst eher zum Braten taugt.

Ullas Küchentipps

Halbierte Zwiebeln mit Schale rösten

Das Rösten der Zwiebelhälften verleiht der Hühnersuppe mehr Geschmack und eine appetitliche Farbe. Den gleichen Effekt erzielt man auch, wenn eine Gemüsebrühe mit diesen Zwiebeln angesetzt wird.

Hühnersuppe entfetten

Fett ist ein Geschmacksträger und lässt die Suppe so typisch nach Huhn schmecken. Je nach Exemplar kann die Brühe schnell zu fettig werden. Dann lass ich den Kochtopf nach dem Passieren circa 10 Minuten ruhig stehen. Jetzt können Sie die Fettschicht gut erkennen. Mit einer Kelle fahre ich mit kreisenden Bewegungen dicht unter der Oberfläche lang und schöpfe etwas Fett weg. Das Abschöpfen gelingt noch besser, wenn Sie den Topf an einer Seite leicht anheben und schräg halten. So werden auch Saucen und Fonds von überschüssigem Fett befreit.

Hühnersuppe

Zutaten für 6 Portionen

1 Suppenhuhn, ca. 2,5 kg
2 Möhren
1 Stange Lauch
150 g Sellerie
1 kleine Petersilienwurzel
2 Knoblauchzehen
2 Zwiebeln
4 Thymianzweige
3 Lorbeerblätter
5 Wacholderbeeren
3 Nelken
10 Pimentkörner
1 EL Sojasauce
Salz

Einlage
Frische Petersilie
Buchstabennudeln
300 g Gemüsestreifen aus Sellerie, Lauch und Möhren

Zubereitung

Das Suppenhuhn zunächst gründlich abwaschen und in einen passenden Topf legen. Möhren, Lauch, Knoblauch, Petersilienwurzel und Sellerie schälen und im Ganzen zum Suppenhuhn geben. Das Wasser so zugießen, dass alle Zutaten gut bedeckt sind. Mit Thymian, Nelken, Lorbeerblättern, Piment, Wacholder, Sojasauce und etwas Salz würzen. Die beiden Zwiebeln abwaschen, halbieren und die Schnittflächen in einer Pfanne ohne Fett rösten. Die Zwiebeln mit Schale ins Kochwasser geben.
Je nach Alter des Huhns und nach Qualität des Geflügels muss das Fleisch 1,5–2 Stunden sanft köcheln, bis es weich ist. Grauer Schaum, der sich anfänglich bildet, wird mit einer Lochkelle abgeschöpft. So bleibt die Brühe später schön klar.

Ist das Suppenhuhn gar, wird es auf einen großen Teller oder ein Blech gelegt und möglichst noch warm auseinandergenommen. Die Bruststücke lege ich im Ganzen zur Seite und verwende das Fleisch für ein weiteres Gericht, wie die Geflügelpastete mit grünem Pfeffer (s. S. 18). Das restliche Hühnerfleisch von den Knochen absuchen und in mundgerechte Stücke teilen und als Suppeneinlage zur Seite stellen.

Die Brühe durch ein Sieb passieren und kurz ruhen lassen. Nun etwas entfetten und wieder zum Kochen bringen. Kommen Nudeln oder Reis als Einlage dazu, gare ich die Zutaten getrennt, damit sie nicht zu weich werden und in der Suppe matschig aussehen. Auch die Gemüsestreifen werden kurz in heißem Wasser blanchiert und wieder abgeschreckt. Das hat den Vorteil, dass die Einlage nach mehrmaligem Aufwärmen nicht immer dicker wird.

Anrichten
Je nach Personenzahl erhitze ich nur die Menge Brühe, die aktuell benötigt wird. Darin erwärme ich die Gemüsestreifen und das Fleisch sowie Nudeln oder Reis. Vor dem Servieren wird mit gehackter Petersilie verfeinert.

Geflügelpaste mit grünem Pfeffer

Zutaten für 2–3 Gläser à 150 ml

250 g gekochte Hühnerbrust (s. S. 17)
1 EL Butterfett
1 EL Mehl
75 ml Hühnerbrühe (s. S. 17)
75 ml Sahne (32 % Fett)
70 g Walnüsse
1 EL Butter
½ TL Estragon
1 TL grüner Pfeffer
2 EL Cognac
Etwas geriebene Muskatnuss
Salz

Zubereitung

Für die Grundmasse einen Topf mit einem runden Innenrand wählen, damit keine Mehlklümpchen in den Ecken hängen bleiben. Einen Esslöffel Butter schmelzen und mit Mehl verrühren. Die Hälfte der Hühnerbrühe zugießen und mit einem Schneebesen gut verquirlen. Nun die restliche Brühe und die Sahne einrühren. Mit Estragon, Muskat, Cognac und Salz abschmecken. Etwa 2–3 Minuten sanft köcheln lassen, dann zum Abkühlen zur Seite stellen.

Währenddessen die Walnüsse in Butterfett leicht rösten und auf Küchenkrepp abkühlen lassen. Den grünen Pfeffer trocken tupfen und grob hacken. Das gekochte Hühnerfleisch in Würfel teilen und unter die Grundcreme heben. Beides mit einem Mixer zu einer feinen Paste pürieren. Die gerösteten Walnüsse etwas zerkleinern und mit dem grünen Pfeffer zusammen zur Geflügelcreme geben und alles umrühren. Die Paste in saubere Bügelgläser füllen und im Kühlschrank aufbewahren.

Ullas Küchentipps

Geflügelpaste einwecken

Wenn Sie die Geflügelpaste auf Vorrat herstellen möchten, wählt man am besten kleine Gläser mit 150 ml Fassungsvermögen aus. Sie werden mit einem Gummiring und einem Bügel verschlossen. Bei 98°C Umluft etwa 60 Minuten in einem Wasserbad im Backofen einkochen. Damit die Gläser nicht platzen, sollten sie nur zu 2/3 gefüllt werden. Die Masse kann sich so besser ausdehnen. Im kühlen Keller bleibt die Geflügelpaste etwa sechs Monate haltbar. Bei Eingemachtem aber immer vor dem Verzehr überprüfen, ob sich kein Schimmel gebildet hat und alles noch appetitlich riecht.

Zweierlei aus Radieschen

Gemüse mit Stumpf und Stiel zu verarbeiten ist mittlerweile ein neuer Küchentrend. Hier kommen Radieschen ohne viel Schnickschnack auf den Tisch. Aus Radieschenblättern koche ich gern eine Cremesuppe. Das Rezept habe ich vor vielen Jahren aus der französischen Landküche mitgebracht. Die Radieschen werden mit Butter, Baguette und Meersalz zum Aperitif verspeist. Radieschen eignen sich gut als rustikaler Appetizer vor einem Menü. Die darin enthaltenen Senföle sind gesund und fördern den Appetit.

Ullas Küchentipps

Unbehandelte Radieschen sind am besten

Vom Frühling bis zum Spätsommer kann man auf dem Markt Freiland-Radieschen aus der Region bekommen. Wenn Sie die Blätter für eine Suppe verwerten, sollten Sie darauf achten, dass Sie Bio-Gemüse oder Pflanzen aus Ihrem Garten verwenden. Die enthalten weniger Nitrat. Ganz verzichten sollten Sie auf Treibhausradieschen, da diese Exemplare viel Nitrat in ihren grünen Blättern speichern. Ansonsten ist das Verwerten von grünen Pflanzenteilen auch ein Beitrag, achtsam mit Lebensmitteln umzugehen.

Zweierlei aus Radieschen

Zutaten für 4 Portionen

2 Bund Bio-Radieschen
400 g Kartoffeln, mehligkochend
1 Zwiebel
1 Knoblauchzehe
1 EL Butter
1 l Gemüse- oder Fleischbrühe
200 ml Sahne
Salz
Muskat

Beilage
100 g Butter
Fleur de Sel
½ Baguette

Zubereitung

Für die Suppe die Radieschen samt Grün gründlich waschen, die Blätter abschneiden und in Streifen teilen. Zwiebel, Knoblauch und Kartoffeln schälen, dann grob würfeln. Zwiebel- und Knoblauchstückchen in einem passenden Topf in Butter andünsten. Die Kartoffelwürfel zugeben und gut umrühren. Mit Brühe aufgießen, salzen und circa 20 Minuten garen. Währenddessen die Sahne halbfest schlagen und zur Seite stellen. Das geschnittene Blattgrün in die Suppe geben, dann pürieren und alles kurz aufkochen lassen. Zum Schluss mit Muskat, Salz und Pfeffer abschmecken. Kurz vor dem Anrichten die geschlagene Sahne unter die heiße Suppe heben.

Aus den Radieschen schnitze ich Blumen, indem ich sie kreuzweise mehrmals einschneide und einige Zeit in Wasser lege. Dabei gehen die Blüten auf und bekommen hübsche Formen. Diese Arbeit macht besonders Kindern Spaß, für die Kochen dann so etwas wie Basteln ist. Als schöner Nebeneffekt: Das, was der Nachwuchs selbst gemacht hat, wird auch später am Tisch viel eher probiert.

Ofenspargel in Backpapier

Weißer Spargel enthält viel Wasser und man kann ihn deshalb aromaschonend gut im eigenen Dampf zubereiten. Ich packe die geschälten Stangen portionsweise in Backpapier. Während das Gemüse im Ofen oder im Kugelgrill gart, koche ich aus den Schalen eine Suppe und probiere schon mal den Wein.

Ullas Küchentipps

Beste Reste – aus Spargelschalen eine Suppe kochen
Wer vorausschauend und wirtschaftlich kocht, macht aus einer Zutat gleich zwei Mahlzeiten. Unsere Großmütter haben immer schon für die nächste Mahlzeit etwas vorbereitet. Allerdings gibt es beim Auskochen der Spargelschalen einen Profitrick: Wasser und Schalen nur einmal kurz aufkochen und dann einfach ziehen lassen.

Ofenspargel in Backpapier

Zutaten für 2 Portionen

1 kg weißer Spargel
60 g Butter
6 Kumquats (Zwergorangen)
½ Zitrone
Salz
Zucker

Außerdem
Kerbel oder Estragon

Zubereitung

Spargel schälen und die unteren Enden etwas einkürzen. Die Kumquats waschen und in dünne Scheiben schneiden. Die Hälfte des Spargels mittig und parallel zur der längeren Seite des Backpapiers legen. Am besten die Stangen wie die Hölzer eines Floßes anordnen und eine zweite Lage oben drauf legen. Das Gemüse mit etwas Zitronensaft beträufeln und mit Salz und einer Prise Zucker würzen. Die Hälfte der Kumquatscheiben und einige Butterflocken auflegen. Das Papier von oben mehrmals gut zusammenfalten. Am besten so, dass beim Garen kein Dampf entweichen kann. Die Seiten mit Küchengarn verknoten. Ein zweites Päckchen falten und beide auf ein Backblech oder in eine flache Form legen. Im vorgeheizten Backofen circa 20 Minuten bei 200°C Umluft garen.

Als weitere Verfeinerung kann man Kochschinkenwürfel in Butter anschwitzen und mit knusprigen Brotwürfeln über den Spargel geben. Vegetarier nehmen die Brotwürfel und tauschen den Schinken gegen gehacktes, gekochtes Ei aus. Beide Zutaten auch in Butter anschwenken und mit Kräutern verfeinern.

Anrichten
Die Spargelpäckchen aus dem Ofen nehmen und auf Tellern verteilen.
Als Beilagen passen Basmatireis und Sauce hollandaise.

Spargelcremesuppe

Zutaten für 4 Portionen

Spargelschalen von ca. 1 kg weißem Spargel
1,5 l Wasser
½ Zitrone
Salz
Zucker
70 g Butter
70 g Mehl
100 ml Weißwein
200 g Schlagsahne

Außerdem
Geröstete Mandelblättchen
Petersilie oder frischer Kerbel

Zubereitung

Die Schalen abwaschen und in einen Topf geben. Mit 1,5 Liter Wasser bedecken und mit Salz, Zucker und etwas Zitrone aufkochen. Die Herdtemperatur abschalten und den Fond – ca. 60 Minuten – ziehen lassen. Das sanfte Kochen bewirkt, dass die Suppe später schön mild schmeckt und sich keine Bitterstoffe aus den Schalen lösen.

Die ausgekochten Spargelschalen in einem Sieb abschütten und den Spargelfond auffangen. In einem passenden Topf die Butter schmelzen und mit Mehl gut verrühren. Mit etwas Spargelfond ablöschen und weiterrühren. Den restlichen Fond, Wein und Sahne zugeben und dabei rühren. Einige Minuten aufkochen lassen und noch einmal abschmecken. Ist die Suppe zu dick, einfach mit etwas Spargelwasser verlängern. Als Einlage einige weiße Spargelstangen vorher aufbewahren und in Scheiben schneiden. Als Topping passt ein Sahnehäubchen, das man mit gerösteten Mandeln und gehackten Kräutern bestreut.

Hummus

Ob als vegetarischer Brotaufstrich oder als aromatische Paste auf dem Partybuffet – selbstgemachter Hummus ist einfach lecker. Mittlerweile finden wir die orientalische Kichererbsencreme, die aus Nordafrika stammt, auch bei uns im Supermarktkühlregal. Wer aber einmal Hummus selbst gemacht hat, für den ist so ein Fertigprodukt immer zweite Wahl. Zudem sind viele vegetarische Aufstriche aus Hülsenfrüchten oder Gemüse oft teurer als Wurst und Käse. Ein weiterer Grund, so eine Hülsenfruchtcreme lieber selbst zuzubereiten.

Ullas Küchentipps

Schnelle Variante

Wenn es schnell gehen soll, greife ich auch schon mal auf gekochte Kichererbsen aus dem Glas zurück. Für meinen Geschmack sind sie für Salate und Eintöpfe ein No-Go. Für eine Creme ist die Konserve möglich, wenn wir mit guten anderen Zutaten – wie einem fruchtigen Olivenöl – ausgleichen.

Nussmus austauschen

Nicht jeder mag Tahin – ein Mus von Sesamsaat, das leicht bitter schmeckt. In dem Fall Tahin durch weißes Mandelmus austauschen.

Bessere Haltbarkeit

Wenn Hummus als vegetarischer Aufstrich verwendet wird, ist es ratsam, die Menge auf 2–3 Schraubgläser aufzuteilen. Die Portionen immer mit einem sauberen Löffel entnehmen und das Glas wieder kalt stellen. So hält sich Hummus einige Tage im Kühlschrank frisch.

Hummus als Party-Paste

Als Partygericht ist Hummus ein Allrounder. Dazu die Creme entweder in einer großen Schale oder als Fingerfood in Gurkenkörbchen oder Paprikaschiffchen gefüllt anrichten. Als Hauptgericht wird Hummus zu Kartoffeln, gekochtem Ei und diversem Gemüse gereicht.
Ich kann es nicht oft genug betonen: Das Kochwasser von Hülsenfrüchten immer von Anfang an salzen! Sie schmecken später viel besser. Dass Hülsenfrüchte im Salzwasser nicht richtig gar werden, ist ein weitverbreiteter Küchenirrtum. Sie müssen nur vorher lange genug einweichen.

Hummus

Zutaten für 4-6 Portionen

250 g Kichererbsen
100 g Sesammus (Tahin)
½ Zitrone
50 ml Olivenöl
1 Lorbeerblatt
2-3 Knoblauchzehen
1 TL Kreuzkümmel (Cumin)
Salz
Pfeffer

Außerdem
Blattpetersilie

Zubereitung

Die Kichererbsen über Nacht in kaltem Wasser einweichen. Bekömmlicher werden Hülsenfrüchte, wenn man das Einweichwasser wegschüttet und vor dem Garen durch frisches Wasser austauscht.

Das Kochwasser mit Salz, geschälten Knoblauchzehen und einem Lorbeerblatt würzen. Schaum, der sich beim Kochen an der Oberfläche bildet, immer wieder abschöpfen. Alles sanft köcheln lassen.
Nach circa 1 Stunde sind die Kichererbsen weich. In einem Sieb abgießen und etwas Kochwasser zurückbehalten.

Den Saft einer halben Zitrone auspressen und eine weitere Knoblauchzehe schälen. Die Kichererbsen, bis auf eine kleine Menge zum Garnieren, in ein hohes Gefäß geben. Mit Sesammus, etwas Kochwasser, Cumin, Knoblauch, Salz und Pfeffer zu einer glatten Creme pürieren.

Anrichten
Den Hummus in eine Schale oder in tiefe Teller füllen. Vor dem Servieren die restlichen, gekochten Kichererbsen drüberstreuen. Etwas Olivenöl angießen und mit gehackter Petersilie verfeinern.

Omelett mit Pfifferlingen

Ob jemand in der Küche sein Handwerk versteht, erkenne ich sehr schnell, wenn ich im Restaurant ein Omelett bestelle. Diese klassische Eierspeise wird immer zusammengeklappt serviert und sollte außen ohne Falten und innen schön saftig sein. Für das perfekte Omelett braucht man auch daheim das richtige Kochgeschirr, damit man den Eierkuchen falten kann: eine Pfanne mit hohem Rand, die am Übergang vom Rand zum Boden schön gerundet ist. Ob Sie die Eiermasse mit frischen Pfifferlingen verfeinern oder auf Zuchtpilze wie Champignons setzen, ist jahreszeitenabhängig. Achten Sie nach dem Einkauf immer darauf, dass die Pilze luftig und kühl in einem Körbchen oder in einer Papiertüte lagern und zügig verbraucht werden.

Ullas Küchentipps

Pfifferlinge baden gern in Butter

Für Pfifferlinge gilt: Besser kleine Exemplare kaufen. Sie sind schmackhafter und saugen sich nicht so mit Feuchtigkeit voll. Braten sollten Sie Pilze übrigens niemals in Öl, sondern immer in Butter. Öl und auch Butterfett werden zu heiß, mit dem Ergebnis, dass später die Pfifferlinge ledrig und trocken schmecken. Butter unterstützt auch den Eigengeschmack am besten.

Immer klein anfangen

Die Eier sollten immer ganz frisch sein. Das Omelett gelingt in einer beschichteten Pfanne am besten. Eisenpfannen müssen sehr gut eingearbeitet sein. Andernfalls klebt die Eiermasse fest. Für Anfänger gilt: Kein Riesenexemplar backen, sondern besser mehrere kleine Omeletts nacheinander braten.

Omelett mit Pfifferlingen

Zutaten für 2 Portionen

Omelett
4 Eier
Salz, Pfeffer, Muskat
20 g Butter

Füllung
250 g Pfifferlinge
1 Schalotte
40 g Butter
Salz

Außerdem
1 Handvoll Schnittlauch
Pfeffer aus der Mühle

Zubereitung

Pfifferlinge mit einem Backpinsel säubern, dabei alle dunklen Stellen mit einem Küchenmesser wegschneiden. Die Schalotte schälen und fein würfeln. Den Schnittlauch in feine Röllchen schneiden. In einer passenden Pfanne die Butter leicht erhitzen und die Pfifferlinge mit den Schalottenwürfeln zusammen garen. Damit die Pilze keine Flüssigkeit ziehen, werden sie immer erst zum Schluss gesalzen.

Eier in eine Schüssel geben und mit einem Schneebesen gut verquirlen, dann salzen. In einer geeigneten Pfanne die Butter schmelzen. Nun die Eier hineingeben. Mit dem Rücken einer Gabel in der Masse rühren, dabei die Pfanne schwenken und schräg halten. Beginnt die Oberfläche etwas fester zu werden, wird sie mit den gebratenen Pfifferlingen belegt. Nun die Eiermasse rundherum am Rand lösen. Die Pfanne jetzt so schräg halten, dass das Omelett in den runden Rand rutscht, dann zusammenschlagen.

Anrichten
Das Omelett auf einen Teller gleiten lassen, mit Butter bepinseln und mit Schnittlauch bestreuen.

Tarte mit grünem Spargel

Grüner Spargel eignet sich gut, um daraus eine hübsche Tarte zu backen. Die grünen Stangen zeichnen sich durch eine feste Struktur und einen intensiven Geschmack aus. Ich verwende als Grundlage einen Quarkölteig und würze die cremige Eiermasse mit frischem Kerbel.

Ullas Küchentipps

Quark und Co.

Topfen bekommt man am gut sortierten Butter-Eier-Käsestand oder im Naturkosthandel. Topfen ist die österreichische Bezeichnung für Schichtkäse. Diese Sorte ist kompakter als Quark. Wenn Sie Magerquark verwenden, sollte er in einem Küchentuch etwas abtropfen, dann wird die Masse fester.

Andere Kombinationen

Es gibt weitere Kombinationen, die mit grünem Spargel gut schmecken: Etwas geriebenen Bergkäse untermischen oder mit Kochschinken verfeinern. In den Fällen lässt man aus kulinarischen Gründen eine Orangensauce besser weg und kocht stattdessen eine Tomatensauce mit Thymian.

Kinder-Pizza

Kinder sind oft nicht begeistert, wenn es Spargelgerichte gibt. Ohne Mehraufwand kann man etwas Quarkölteig übrig lassen, ausrollen und nach Gusto wie eine Pizza belegen. Dann im Ofen mit der Tarte zusammen backen.

RheinischeBio
Bio Petersilie

LAVENDER
rosemary
BORAGE
BASIL
LAVENDER

Tarte mit grünem Spargel

Zutaten für eine Tarteform, 28 cm Ø

Teig
300 g Dinkelmehl
½ Päckchen Weinsteinbackpulver
150 g Topfen oder Magerquark
1 Ei
100 ml Rapsöl
Salz

Füllung
500 g grüner Spargel
4 Eier
Frischer Kerbel
200 g Crème fraîche (30 % Fett) oder Schmand (24 % Fett)
Salz
Pfeffer

Zubereitung

Die unteren Enden des grünen Spargels etwa 2-3 cm abschneiden und wegwerfen. Im Gegensatz zu weißem Spargel werden die grünen Stangen nur bis zur Hälfte geschält, da der obere Teil selten holzig ist. Alle Spargelstangen – bis auf die letzten 5-6 cm vor der Spitze – in feine Röllchen schneiden und in eine Schüssel füllen. Die langen Spargelstücke werden mit einem scharfen kleinen Messer der Länge nach halbiert und zur Seite gelegt.

Für den Quarkölteig das Mehl und das Backpulver in eine Schüssel geben und mischen. Nun mit einem Handrührgerät Quark, Rapsöl und Ei zu einer glatten Masse vermischen. Nach und nach das Mehl-Backpulver-Gemisch einrühren und den Teig mit Salz würzen. Die Form mit Butter oder Öl einfetten. Den Teig auf einer bemehlten Fläche ausrollen und in die Form einpassen. Einen Rand von circa 2 cm rundherum stehen lassen.

Die Eier in eine Schüssel geben. Mit Crème fraîche und gehacktem Kerbel verrühren und mit Salz und Pfeffer würzen. Die Spargelstückchen unterheben und die Masse in die Tarteform füllen, dann halbierte Spargelspitzen rundum sonnenstrahlenförmig anordnen. Die Tarte bei 180°C Umluft circa 40 Minuten golden backen. Die Spargeltarte ist fertig, wenn die Masse in der Mitte fest wird.

Anrichten
Die Tarte aus dem Ofen nehmen, etwas abkühlen lassen und portionieren. Wer mag, kann das Gericht auch noch mit einem kleinen Salat-Bouquet verfeinern und geröstete Mandeln drüber streuen. Dazu kann man eine Orangensauce reichen.

Pasta mit Dicken Bohnen, Speck und Minze

Frische Dicke Bohnen sind wahre Verpackungskünstler. Um an ihren köstlichen inneren Kern zu gelangen, muss man sich schon etwas anstrengen. Wiegt der Händler ein Kilo Schoten ab, bleiben daheim nach zweimaligem Pulen nur eine Handvoll grüner Kerne übrig. Ich bereite das zarte Gemüse auf italienische Art zu.
Die feinen Hülsenfrüchte ergeben eine tolle Pasta-Sauce, die mit Speckwürfelchen, frischer Minze und einem fruchtigen Olivenöl die richtige Würze bekommt. Dieses Gericht aus der italienischen Landküche sollten all diejenigen einmal ausprobieren, für die Dicke Bohnen in Mehlschwitze ein Alptraum aus Kindheitstagen sind. Einst bei uns auch als Sau- oder Puffbohne zum Tierfutter degradiert, ist das Gemüse heutzutage in der Sterneküche angekommen. Die feinen Kerne lassen sich vielfältig zubereiten und harmonieren mit Fisch und Fleisch.

Ullas Küchentipps

Bohnen besser kochen

In Italien isst man die grünen Kerne sogar roh als Knabberei zum Wein. Aber aufpassen, da normalerweise ungekochte grüne Bohnen Phasin enthalten, das nur durch Hitze seine giftige Wirkung verliert. Für Kinder kann der Verzehr von wenigen grünen Stangenbohnen tödlich sein. Der Phasingehalt variiert jedoch von Sorte zu Sorte. Den frischen Kernen von Dicken Bohnen sagt man nach, dass sie wenig dieser giftigen Eiweißstoffe enthalten und eher mit frischen Erbsen verwandt sind. Sie sind jedoch immer auf der sicheren Seite, wenn Sie das Gemüse vor dem Verzehr etwa 10 Minuten blanchieren.

Pasta nicht abschrecken

Sollte es nicht gelingen, Pasta und Sauce zeitgleich fertigzustellen, gibt es einen einfachen Küchentrick: Nudelsorte nach Packungsangabe in viel gesalzenem Wasser bissfest garen und in einem Sieb abschütten. Das Kochwasser vollständig auffangen und die Pasta auf keinen Fall abschrecken, weil dann die Stärke abgespült würde. Die Sauce rutscht ab, schwimmt unten im Teller und mischt sich nicht mit den Nudeln. Gekochte Pasta kann im Sieb sogar abkühlen und wird vor dem Servieren in kochender Pasta-Brühe wieder kurz erhitzt. Mit dem Nudelwasser kann man nicht nur die Bohnensauce, sondern auch andere ölige Saucen – wie Pesto – elegant verlängern.

28 WIRTSCHAFT
ANALYSE UND MEINUNG
6. JUNI 2019 DIE ZEIT N° 24
132
Prozent der jährlichen Wirtschaftsleistung beträgt Italiens Staatsverschuldung
ANZEIGE

Pasta mit Dicken Bohnen, Speck und Minze

Zutaten für 2–3 Portionen

1,5 kg Dicke Bohnen
250 g Linguine
100 g Pancetta (italienischer Bauchspeck)
1 kleine Zwiebel
Minze
Pfeffer
Salz
70 ml Olivenöl
70 g Pecorino

Außerdem
einige Minzblätter zum Garnieren

Zubereitung

Die Bohnen aus den Schoten pulen und die Kerne mit Haut in kochendem Salzwasser circa 4 Minuten blanchieren. Das Gemüse in eiskaltem Wasser abschrecken und in einem Sieb abtropfen lassen. Nun werden die Bohnen ein zweites Mahl gepult. Um an den grünen Kern zu gelangen, muss man die dicke graue Schale entfernen. Die grünen Bohnenkerne, die dann zum Vorschein kommen, in eine Schüssel füllen und zur Seite stellen.

Die Zwiebel schälen und in Würfel schneiden. Die Minze fein hacken. Den Speck in Scheiben teilen und würfeln. In einen passenden Topf etwas Öl geben und die Speckwürfel vorsichtig auslassen. Die Zwiebelstücke zugeben und gut umrühren. Nun kommen die grünen Bohnenkerne dazu. Eventuell noch Olivenöl nachgießen, alles kurz anschwitzen und mit Salz und Pfeffer würzen. Wer mag, könnte zusätzlich mit gehacktem Knoblauch verfeinern.

Die Linguine in einem großen Topf in gesalzenem Kochwasser circa 8 Minuten garen. Danach die Pasta in einem Sieb abschütten, jedoch auf keinen Fall abschrecken. Das Kochwasser auffangen und beides kurz zur Seite stellen.

Die heißen Linguine in eine Schüssel geben und mit der Bohnensauce vermischen. Mit geriebenem Pecorino und Minze verfeinern.

Anrichten
Linguine auf tiefen Tellern verteilen und mit Minzblättern garnieren.

Rübstiel mit Spiegelei und Speck

Rübstiel, auch Stielmus genannt, ist eines der ersten jungen Gemüse, die im Frühling am Marktstand ins Auge fallen. Es ist das Grün der Rüben, die in dem Fall dicht beieinander ausgesät wurden und nicht zur Knolle heranwachsen sollen. Denn das grüne Oberteil ist gewünscht und nicht die dicke Rübe. Rübstiel kommt vor allem aus dem Rheinland, ist aber auch in anderen Gegenden in NRW zuhause. Ansonsten ist das würzige Gemüse in anderen Bundesländern und im Ausland eher unbekannt.

Ullas Küchentipps

Superfood aus der Region

Rübstiel enthält viel Vitamin C, aber auch Vitamin A, E und K sowie Beta-Carotin. Den Senfölglykosiden, die Rübstiel leicht scharf schmecken lassen, sprechen Ernährungsexperten eine wohltuende Wirkung auf die Gesundheit zu. Im Gemüsefach im Kühlschrank hält sich Rübstiel 2-3 Tage frisch. Da Stielmus ähnlich zubereitet wird wie Spinat oder Mangold, liegt es nahe, auf jeden Fall einen Blick in die italienische Küche zu werfen. Stielmus lässt sich nämlich wie Spinat oder Mangold auch mit Pasta kombinieren.

Rübstiel mit Spiegelei und Speck

Zutaten für 2-3 Portionen

Rübstiel
1-2 Bund Rübstiel (ca. 500 g)
1 Zwiebel
2 EL Butterfett
100 ml Sahne (32 % Fett)
Muskat
Salz
Pfeffer aus der Mühle

Kartoffel-Stampf
1 kg Kartoffeln, mehligkochend
100 ml Sahne (32 % Fett)
Muskat
Salz

Beilagen
200 g Frühstücksspeck
4 Eier

Zubereitung

Die Kartoffeln schälen, halbieren und in gesalzenem Wasser circa 25 Minuten garen.

Den Rübstiel waschen, abtropfen lassen und in dünne Streifen schneiden. Die Zwiebeln schälen und fein würfeln. Etwas Butterfett in einem passenden Topf schmelzen und die Zwiebelwürfel leicht anschwitzen. Mit Salz, Muskat und Pfeffer würzen und 100 ml Sahne angießen. Das Gemüse bei geschlossenem Deckel einige Minuten köcheln lassen.

Wenn die Kartoffeln fertig sind, das Wasser abschütten und die Kartoffeln ausdampfen lassen. 100 ml Sahne zugeben und mit einem Stampfer alles zu einem Brei verkneten. Mit Salz und etwas Muskat dezent abschmecken.

Die Speckstreifen in einer Pfanne ganz langsam knusprig braten und die Spiegeleier zubereiten. Spiegeleier nicht in der Pfanne, sondern immer erst auf dem Teller salzen. Sie bilden ansonsten eine trübe Haut, wenn das Salz zu lange einwirkt.

Anrichten
Rübstiel mit dem Kartoffelbrei mischen und auf Teller verteilen. Speckstreifen anlegen und mit Spiegeleiern verfeinern.

Pochierte Forelle

In NRW finden wir im Bergischen Land, in der Eifel und im Sauerland viele Familienbetriebe, die verantwortungsbewusst und umweltfreundlich Forellen oder Karpfen züchten. Auf meinem Wochenmarkt steht ein Händler aus dem Bergischen, der in seinem Fischwagen frisch gefangene Forellen und zur Weihnachtszeit Karpfen anbietet. Sie können diese Süßwasserfische in reichlich Fond, etwas Essig und Kräutern so zubereiten, dass die Haut sich nach dem Garen blau verfärbt. Das gelingt wirklich nur mit angelfrischem Fisch, der unglaublich lecker und fein schmeckt. Ob Sie die Forelle vorher noch ganz „oldschool" mit Küchengarn halbrund zusammenbinden oder einfach in ihrer natürlichen Form pochieren, ist Ansichtssache. Mein Mann mag es lieber schnörkellos, weil das ungebundene Exemplar sich später beim Essen viel besser filetieren lässt.

Ullas Küchentipps

Fischzucht für die Fastenzeit

Weil Nonnen und Mönche in den Fastenzeiten kein Fleisch essen durften, haben die Klöster die ersten Karpfen- und Forellenteiche angelegt. Bei rund 150 Fastentagen im Jahr musste sich die Klosterküche damals schon etwas einfallen lassen, damit alle am Tisch satt wurden. Um die strengen Fastenregeln zu umgehen, hat es findige Geistliche gegeben, die auch Biber oder Huhn kurzerhand zum Fisch erklärt haben. Heutzutage fasten wir nur noch aus gesundheitlichen Gründen oder weil Rock- oder Hosenbund kneifen. Aber auch zum Abnehmen ist die Forelle ein geeignetes Nahrungsmittel. Sie enthält wenig Kalorien, versorgt den Körper mit wertvollen Omega-3-Fettsäuren und schmeckt zudem auch einfach gut.

Blattspinat als schnelle Beilage

Frischer Spinat harmoniert gut mit Fisch. Dafür Spinatwurzeln und Stiele entfernen, die Blätter waschen, abtropfen lassen und kurz vor dem Servieren in heißer Butter und etwas Knoblauch anschwitzen. Der Topf sollte groß genug sein. Unbedingt einen Deckel auflegen und zwischendurch umrühren. Nach wenigen Minuten mit Salz, Pfeffer und Muskat würzen. Damit sich später beim Anrichten auf dem Teller keine Pfützen bilden, das Gemüse in ein Sieb geben und kurz abtropfen lassen.

Pochierte Forelle

Zutaten für 2 Portionen

2 frische, geputzte Forellen
100 g Sellerie
¼ Lauchstange
1 Zwiebel
1 Knoblauchzehe
1 kleine Petersilienwurzel
1 l Fischfond
100 ml Essig
250 ml Weißwein
20 Pfefferkörner
3 Lorbeerblätter
10 Wacholderbeeren
1 TL Senfsaat
4 Dillzweige
4 Petersilienzweige
Salz

Außerdem
100 g Butter

Zubereitung

Die Forellen ganz leicht abwaschen, damit die Hautschicht, die sich im Fond blau verfärbt, nicht zerstört wird. Je einen Petersilienzweig in jeden Bauch stecken. Beide Fische mit Küchengarn halbrund zusammenbinden. Sellerie, Petersilienwurzel und Lauch putzen und in grobe Stücke schneiden. Die Zwiebel und den Knoblauch schälen und halbieren. In einem passenden Topf den Fischfond, den Wein und den Essig aufkochen und mit den Gemüsen und Kräutern würzen. Den Sud einige Minuten köcheln lassen, dann die Hitze reduzieren und die Forellen für circa 15 Minuten einlegen und sanft garen.

Anrichten
Beide Exemplare vorsichtig mit einer Lochkelle aus dem Sud heben und etwas abtropfen lassen. Die Bindekordel mit einer Schere aufschneiden. Die Forellen auf Tellern anrichten und jedes Exemplar großzügig mit flüssiger Butter überglänzen. In die Mitte etwas Blattspinat geben und rundum Salzkartöffelchen anlegen.

Erdbeer-Mousse

Es sind die heimischen Erdbeersorten, die wirklich nach Erdbeeren schmecken. Die Lebensmittelindustrie gleicht diesen Mangel gern durch mehr Zucker und Geschmacksstoffe aus. Da heißt es: selbst ans Werk gehen! Ich gebe viele, viele Früchte ins Dessert, damit sich das Fruchtaroma neben Joghurt und Sahne gut behaupten kann. Der Rest ist kein Hexenwerk, wenn Sie Gelatine oder Agar-Agar, die die Mousse in Form halten, richtig behandeln.

Ullas Küchentipps

Blattgelatine richtig anwenden
Gelatineblätter Stück für Stück in kaltes Wasser legen.
Aufpassen, dass die einzelnen Blätter nicht zusammenkleben. Gelatine kurz ziehen lassen und gut ausdrücken.
Etwas Masse/Püree erhitzen und die Gelatine unter Rühren erwärmen, bis sie schmilzt. Das geschieht im Prinzip schon ab 50 Grad.

Gelatine nie kochen lassen, da sie sonst nicht mehr geliert.
Die warme Masse in eine Schüssel umfüllen und mit weiteren Zutaten vermischen.
Ananas und Kiwi kann man mit Gelatine nicht binden. Diese beiden Obstsorten enthalten Enzyme, die verhindern, dass das Fruchtpüree fest wird.

Für Vegetarier ist Gelatine keine Option, da sie Kollagengewebe von Rind und Schwein enthält. In dem Fall auf Agar-Agar ausweichen und nach Packungsangabe arbeiten. Agar-Agar ist ein Bindemittel, das aus Algen gewonnen wird.

Erdbeer-Mousse

Zutaten für 6 Portionen

Mousse
500 g Erdbeeren
6 Blatt Gelatine
1 EL Vanillezucker, z.B. selbst gemacht
300 ml Sahne
150 g Naturjoghurt
½ Bio-Zitrone
150 g Zucker oder Honig

Erdbeersauce
250 g Erdbeeren
2 EL Erdbeermarmelade
1 Päckchen Vanillezucker oder selbst gemacht
½ Bio-Zitrone
Frische Minze oder Zitronenmelisse

Zubereitung

Die Erdbeeren waschen und putzen. Das Obst in ein hohes Gefäß geben und fein pürieren. Die Gelatine in kaltem Wasser einweichen und einige Minuten ziehen lassen. Währenddessen die Sahne schlagen.

Etwas Erdbeermasse in einen Topf geben und erwärmen.
Die Gelatine gut ausdrücken und einrühren. Dann alles in eine Schüssel umfüllen und mit den restlichen pürierten Erdbeeren vermischen. Zucker, Joghurt, Zitronenschale, Zitronensaft und Vanillezucker zugeben und umrühren. Zum Schluss die geschlagene Sahne unterheben und die Creme für circa 4 Stunden in den Kühlschrank stellen.

Für die Sauce etwa 150 g Erdbeeren zum Garnieren zur Seite legen. Restliche Früchte mit der Marmelade und mit Zitronensaft, Zitronenschale und Vanillezucker würzen.

Anrichten
Auf jeden Portionsteller einen Saucenspiegel gießen und mit einem Esslöffel aus der Erdbeer-Mousse schöne Nocken abdrehen.
Mit Minze und Erdbeeren verzieren.

Rhabarberkuchen mit Schokostückchen

Jedes Jahr freue ich mich im Frühling auf den ersten Rhabarber. Aus den sauren Stangen backe ich gern diesen simplen Obstkuchen, der fast so schön wie eine Torte aussieht. Dafür wird der Kuchen nach dem Backen auf den Kopf gestellt. Zuerst platziere ich gezuckerte Rhabarberstückchen in eine Tarteform, der Rührteig folgt oben drauf. Die Rhabarberschicht karamellisiert von unten in Zucker und die Teighaube sorgt dafür, dass alles schön saftig bleibt. Ist das Gebäck etwas abgekühlt, drehe ich die Form um und stürze den Kuchen auf eine Platte.

Ullas Küchentipps

Durch anderes Obst austauschen

Das Rezept können Sie je nach Jahreszeit beliebig abwandeln. Auch Äpfel, Pflaumen oder Kirschen verpacke ich unter einer Teighaube, damit sie später schön saftig schmecken. Ob weiße oder dunkle Kuvertüre zum Einsatz kommt, ist reine Geschmacksache. Oft verwende ich das, was ich spontan im Schrank finde. Das kann dann schon mal Marzipanrohmasse sein, die unbedingt verbraucht werden muss. Sie werden staunen, was bei dieser Art Resteverwertung für neue, tolle Leckereien entstehen. Marzipan und Rhabarber zum Beispiel harmonieren unglaublich gut miteinander.

So behält Rhabarber seine schöne Farbe

Wenn man den rohen Rhabarber in Himbeer- oder Erdbeerpüree mariniert, bleiben die Stücke auch nach dem Garen schön rot. Etwas Zitronenabrieb einer Bio-Zitrone schmeckt gut, weil man so der ausgeprägten Rhabarbersäure ein Zitronenaroma verleiht.

Rhabarber nicht roh verzehren

Rhabarber ist botanisch betrachtet kein Obst, sondern ein Gemüse. Das Knöterichgewächs enthält reichlich Oxalsäure. Die steckt besonders in den Randschichten der grünen Sorten. Hier ist gründliches Schälen angesagt. Auch durch Erhitzen wird der Oxalsäuregehalt reduziert. Spezielle Züchtungen wie Himbeer- und Blut-Rhabarber müssen nicht geschält werden. Rhabarber wird nur jung geerntet. Mit zunehmendem Wachstum steigt auch der Oxalsäuregehalt. Ähnlich wie bei Spargel ist Ende Juni die Rhabarbersaison vorbei.

Mineralstoffräuber stoppen

Oxalsäure entzieht dem Körper wertvolle Mineralien wie Kalzium, Eisen und Magnesium. Kombinieren Sie daher den Rhabarber mit einem Milchprodukt. Klassiker wie Vanille- oder Grießpudding, Schlagsahne, Quark, Eis oder Milchreis passen gut zu Rhabarber. Die ungünstige Wirkung der Oxalsäure wird so abgeschwächt. Nierenkranke sollten auf Rhabarber besser verzichten.

Rhabarberkuchen mit Schokostückchen

Zutaten für 1 Tarteform

(Glas oder Porzellan), Ø 27 cm mit hohem Rand

Obst
750 g Rhabarber
150 g Zucker
½ Bio-Zitrone

Teig
250 g Weizenvollkornmehl
100 g gemahlene Mandeln
1 TL Weinsteinbackpulver
200 g Rohrohrzucker
1 Prise Salz
250 g Butter
4 Eier
50 ml Milch
100 g Kuvertüre (dunkel oder hell)

Außerdem
1 EL Butter zum Fetten der Form
4 EL Rohrohrzucker

Topping
Frische Minzeblätter
3-4 EL Erdbeergelee
200 g Sahne

Zubereitung

Den Rhabarber waschen, putzen und grüne Stangen schälen. Dann in circa 1,5 cm lange Stücke teilen. Die Form fetten, mit 2-3 EL Zucker ausstreuen und die Rhabarberstücke mit den Schnittstellen wie Türmchen dicht an dicht in den Zucker stellen. Mit Zitronenschale und Zitronensaft würzen und kurz zur Seite stellen.

Die zimmerwarme Butter in eine Schüssel geben und mit dem Zucker zu einer cremigen Masse rühren. Mehl, Mandeln und Backpulver mit einer Prise Salz vermischen und mit der Milch zügig unter die Butter-Zucker-Masse rühren. Die Kuvertüre in kleine Stücke hacken und vorsichtig unterheben.
Den Teig auf den Rhabarberstückchen gleichmäßig verteilen und für circa 40 Minuten bei 180°C Ober-/Unterhitze backen.

Anrichten
Den Kuchen etwas abkühlen lassen und den Rand mit einem Messer lösen. Eine passende Kuchenplatte auflegen und das Gebäck stürzen. Erdbeergelee leicht erwärmen, glatt rühren und die Rhabarberschicht damit überziehen. Mit Schlagsahne und frischer Minze servieren.

Schnelle Käsezubereitungen

Reifer Käse, eingelegte aromatische Oliven, knuspriges Brot und dazu der passende Wein - manchmal braucht es nicht viel, um mit Freunden einen schönen Abend zu verbringen. Auf meinem Wochenmarkt stehen gleich mehrere Händler, die wirklich handwerklich gemachte Erzeugnisse anbieten. Die einzelnen Spezialitäten kommen aus allen Regionen, sind oft aus biologischer Herkunft und in der Regel auch richtig gereift. Wenn ich auf die Schnelle noch etwas Besonderes auftischen möchte, rolle ich Ziegenkäsebällchen in frischen Kräutern und bereite eine Buttermischung aus Roquefort zu.

Ullas Küchentipps

Blumen aus Schweizer Käse

Blitzschnell steht ein kleiner Käsegang auf dem Tisch, wenn man sich eine Girolle zulegt. Das ist ein rundes Holzbrett mit Käsehobel und einer kleinen Käseglocke, die aufgelegt wird, wenn der Käse wieder weggestellt wird. Aus dem Schweizer Halbhartkäse „Tête de Moin“ – das heißt auf Deutsch „Mönchskopf“ – werden feine Blumen abgedreht. Sie sehen aus wie ein Pfifferling oder eine Nelke. Der hauchdünn gehobelte Käse kann so sein Aroma gut entfalten. Zusammen mit etwas süßlichem Feigensenf ist das eine schnelle Käsedelikatesse. Das Schaben der Käseblumen bereitet besonders Kindern Freude.

Das Einmaleins der Käseplatte

Eine Käseplatte sollte abwechslungsreich sein, aber auch nicht zu viele Sorten enthalten. Darauf achten, dass die Stücke groß genug sind - viele kleine Eckchen wirken verloren und unappetitlich. Angeordnet wird der Käse nach Intensität im Uhrzeigersinn. Von mildem Frischkäse zu immer kräftigeren Sorten. Das ist nicht immer einfach und erfordert einen geschulten Geschmack. Ein Camembert muss nicht zwangsläufig mild sein. Ist er gut ausgereift, kann er intensiver als ein junger Reblochon schmecken. Auch innerhalb einer Käsegattung gibt es Unterschiede. Roquefort schmeckt intensiv und streng, ein Fourme d'Ambert dagegen kommt viel feiner rüber. Entweder lassen Sie sich im Käsefachgeschäft beraten oder Sie kosten daheim von jeder Sorte ein Stückchen. Bei meinem Käsehändler darf man immer etwas probieren. Das ist besonders fein, wenn man unter Hart-Bergkäsen die Sorten finden möchte, die kräftig oder weniger kräftig schmecken.

Die richtige Temperatur bringt das Aroma

Angerichtet wird der Käse auf einem Holzbrett. Hat man kein großes Brett zur Hand, nimmt man ein Tablett und legt eine weiße Stoffserviette darauf. So kann man den Käse gut präsentieren und schneidet nicht auf Edelstahl oder einer Silberfläche herum. Arrangieren Sie nicht mehr als neun verschiedene Sorten, andernfalls bleiben nur Reste übrig. Für eine Party rechnet man mit 150-200 g Käse pro Person. (In einem Menü reichen 50-80 g für jeden Gast). Der Käse sollte auf keinen Fall kalt aus dem Kühlschrank auf den Tisch kommen. Erst durch leichtes Temperieren entfaltet jede Sorte ihr Eigenaroma. Zu viel Wärme ist auch nicht gut, sonst schwitzt er oder läuft dahin. Als Beiwerk bieten sich Obst und Nüsse an. Ein Chutney oder ein Feigensenf sind zu Hartkäse ganz schön, und eingelegte Birnen in Portweinsud passen zu Blauschimmelkäse.

Käse vor oder nach dem Dessert?

Käse im Menü wird immer vor dem Dessert serviert. Der süße Wein kommt bei einem guten Essen – mit wenigen Ausnahmen – immer beim Dessert zum Einsatz. In der Rangfolge der Weine werden schwere nach leichten und süße nach trockenen Weinen serviert. Es gibt nur wenige Käsesorten, die zu einem Süßwein passen. Das sind die Blauschimmelkäse, die mit Portwein, Gewürztraminer oder Beerenauslese ihre strenge Note verlieren. Zu mildem Käse, wie Chaource aus der Champagne, jungem Brie oder Camembert, schmeckt Champagner. Es ist eben nicht immer nur die Kombination schwerer Rotwein und Käse, die den höchsten Genuss verspricht. Meist sind es die fruchtigen roten Burgunder, und oft liegt man gut, wenn der Wein als Begleitung ausgewählt wird, der aus der Region des Käses stammt.

Schnelle Käsezubereitungen

Ziegenfrischkäse im Kräutermantel

Zutaten für 4 Käsekugeln

200 g Ziegenfrischkäse
Etwas frischer Salbei, Rosmarin oder/und Thymian
6–8 EL natives Olivenöl
Pfeffer aus der Mühle

Zubereitung

Ziegenfrischkäse zu vier Kugeln drehen. Die Kräuter hacken, mit dem Pfeffer vermischen und die Käsebällchen darin rollen. Auf Tellern anrichten und mit einem guten Olivenöl begießen.

Roquefort mit Butter passiert

Zutaten für 4 Portionen

150 g Roquefort
100 g Butter
100 g Mandelblättchen
4 kleine Birnen
Etwas Blattpetersilie

Zubereitung

Als Beigabe zur Roquefortbutter die Birnen entkernen und in Spalten schneiden, dann Mandelblättchen in der Pfanne oder unter der Grillfunktion des Backofens rösten. Die Butter – sie sollte nicht zu weich sein – mit dem Roquefort verkneten. Die Masse durch eine Spätzlepresse auf Teller drücken und anschließend mit Birnenspalten, Petersilienblättern und Mandelblättchen verzieren.

Geklärte Butter

Geklärte Butter ist in meiner Küche ein Allrounder. Ich nutze sie ständig zum Braten, Backen und Kochen. Klassikern, wie der Sauce hollandaise oder einem knusprigen Wiener Schnitzel, verleiht die ausgekochte Butter eine fein-nussige Note. Die Butter hat einen hohen Rauchpunkt und hält deshalb Temperaturen bis 200°C stand, ohne zu verbrennen. Das viel gelobte native Olivenöl hingegen sollte nach Angaben der Deutschen Gesellschaft für Ernährung (DEG) höchstens in den Bereichen von 130–180°C eingesetzt werden. Geklärte Butter lässt sich nicht nur gut erhitzen, sie ist auch geschmacklich vielen Ölen überlegen. Während besonders native Öle ihren Eigengeschmack an die Speisen weitergeben, verhält sich die geklärte Butter wesentlich neutraler.

Geklärte Butter

Zutaten für 2 Gläser à 250 ml

500 g Butter

Zubereitung

Die Butter in Stücke schneiden und in einen hohen Kochtopf geben. Bei kleiner Hitze circa 30 Minuten lang sanft köcheln lassen. Der Schaum, der sich an der Oberfläche bildet – es handelt sich um Eiweißstoffe –immer wieder mit einer Lochkelle abschöpfen. Ist die Butter klar und sieht appetitlich golden aus, gießen Sie die Butter durch ein Sieb oder ein Mulltuch und füllen es in Schraubgläser. Da die geklärte Butter nun kein Wasser und kein Eiweiß mehr enthält, bleibt sie im Kühlschrank bis zu einem Jahr haltbar.

Ullas Küchentipps

Selbst gemacht ist einfach besser

Im Handel heißt die geklärte Butter auch Butterfett. Oft enthält das Fertigprodukt Zusatzstoffe wie Emulgatoren. Das brauche ich alles nicht in meinem Essen. Je nachdem, wie lange die frische Butter sanft köchelt, kann ich auch ihren Geschmack beeinflussen. Von mild bis hin zu stark nussig. In dem Fall karamellisiert der Milchzucker. Aber unbedingt aufpassen und sich nicht ablenken lassen. Der Schritt von nussähnlich zu verbrannt ist schnell getan.
Die sog. „Beurre noisette" wird überall da in der feinen Küche geschätzt, wo keine Saucen anfallen: Sie wird zu gebratenem Fisch und blanchiertem Gemüse gereicht. Oft wird zusätzlich noch mit Semmelbröseln oder Mandelstiften verfeinert. Auch Mürbeteigplätzchen, wie Heidesand, schmecken gut, wenn der Teig mit geklärter Butter verfeinert wird.

Ist Butterfett gesund?

Grundsätzlich gilt: Butter und Öle sind für den Körper wertvoll, weil sie die Vitamine A, D, E und K enthalten. Trotzdem alle Fette immer nur sparsam einsetzen! Die empfohlene Tagesration der DGE – von 80 g für einen Erwachsenen – ist schnell erreicht. Die versteckten Fette aus Wurst und Gebäck sind in der knappen Fettration schon mitgezählt.

Ghee ist auch geklärte Butter

In der indischen und pakistanischen Küche ist Butterfett unter Ghee bekannt. Es wird – je nach Region – aus gesäuerter Butter hergestellt. In der Ayurveda-Medizin spricht man Ghee eine Heilwirkung zu und benutzt es auch als Salbe gegen Entzündungen.

Sommer

Die Sommerabende mit Freunden, draußen bei einem Glas Wein, machen das Leben erst richtig schön. Der Mann des Hauses sucht jede Gelegenheit, um den Grill anzuheizen. Ich lege beim Marktmetzger Bratwürstchen und Koteletts in den Einkaufskorb und mariniere das Fleisch in Holunderblütensirup und Zitrone. Auch Schafskäse und diverse Gemüse lassen sich wunderbar rösten.

Reife bunte Tomaten, Artischocken, Erbsen, Bohnen, Mangold oder junger Matjes, frische Pfifferlinge und dicke süße Kirschen für einen Clafoutis, Beeren über Beeren – der Sommer auf dem Wochenmarkt ist einfach ein Augen- und Gaumenschmaus. Ich könnte dann täglich ein neues Rezept schreiben und freue mich beim Fotografieren über die Farbenvielfalt auf dem Teller.

Mediterraner Bohnensalat

Ein Bohnensalat ist ein idealer Party- oder Grillsalat. Ich liebe ihn, weil er auch nach einigen Stunden auf dem Buffettisch noch appetitlich aussieht. Er ist einfach nicht so empfindlich wie ein Blattsalat und hält sich besser frisch als Kreationen, die mit Mayonnaise angerührt werden. Bohnensalat passt zu Salami, Bratwurst oder gegrillten Lammkoteletts. Wer keine Dicken Bohnen mag, kann diese Sorte durch kleine weiße Bohnen oder Kichererbsen austauschen. Für Menschen, die sich vegetarisch ernähren, ist der Bohnensalat, zusammen mit Brot kombiniert, eine vollwertige Mahlzeit.

Ullas Küchentipps

Bohnenkochwasser immer salzen

Menschen mit empfindlichem Magen sollten das Einweichwasser der Bohnen besser weggießen. Dass man das Kochwasser von Hülsenfrüchten nicht salzen darf, ist ein Ammenmärchen. Besonders Salz hilft dabei, die harte Schale und die Pflanzenzellen zu lockern. Wir übernehmen manchmal alte Küchenweisheiten, die einfach nicht richtig sind. Nur Essig oder Zitrone gehören nie ans Kochwasser. Die Säure verhärtet die Schale und die Hülsenfrüchte werden wirklich nicht gar.

Suppengemüse und Kräuter bringen Geschmack

Wichtig ist es, dass das Kochwasser gut aromatisiert wird. Dann zieht der Geschmack vom Gemüse und den Gewürzen gleich in die Bohnen hinein. Wer dann mit Zwiebelwürfeln, Salz und Pfeffer abschmeckt, der sollte auch immer einen leckeren Essig und ein gutes natives Olivenöl verwenden. Gerade bei ganz einfachen Gerichten kommt es auf die Qualität der Zutaten an.

Mediterraner Bohnensalat

Zutaten für 4 Portionen

300 g getrocknete weiße Bohnen
2 Lorbeerblätter
2 Thymianzweige oder Bohnenkraut
2 Schalotten
2 Knoblauchzehen
1 Karotte
70 g Staudensellerie
100 g Lauch
2 Paprikaschoten (rot/gelb)
1 Bund Blattpetersilie
Salz
Pfeffer
Essig
Olivenöl

Außerdem
20 Oliven ohne Stein
Pro Person 50 g Wildschwein-, Pfeffer- oder Fenchelsalami

Zubereitung

Die Bohnen über Nacht in kaltem Wasser einweichen. Am nächsten Tag Knoblauch, Schalotten und Karotte schälen, dann Lauch und Staudensellerie putzen. Das Einweichwasser weggießen und die Bohnen mit frischem Wasser in einen Kochtopf füllen. Lauchstück, Staudenselleriestängel, eine Schalotte und die Möhre zugeben und mit Thymian, Lorbeerblättern und Salz würzen. Alles zusammen circa 90 Minuten köcheln lassen. Sind die Bohnen weich, werden sie über einem Sieb abgeschüttet und müssen abkühlen. Die verkochten Gemüse und die harten Kräuterbestandteile herausnehmen und wegwerfen.

Für den Salat die Paprikaschoten in feine Würfel oder Streifen teilen und die Zwiebeln fein würfeln. Bis auf etwas Dekoration die restliche Petersilie fein hacken. Gekochte Bohnen in eine Schüssel füllen und mit den Paprikastücken und den Zwiebeln vermischen. Mit Salz und Pfeffer würzen und mit Essig und Öl abschmecken. Nach Belieben Oliven und/oder Fenchelsalami dazureichen.

Gurkensalat in Dill-Sahne-Sauce

Mir schmeckt Gurkensalat am besten, wenn die Scheiben hauchdünn gehobelt werden. Als Dressing passt eine Sauce aus Sahne und Zitronensaft – ein Dressing aus Essig und Öl ist auch lecker. Frische Kräuter wie Dill, Schnittlauch oder Boretsch geben die richtige Würze.

Ullas Küchentipps

Gurkensaft als Gemüsedrink
Gurkensaft, der sich durch das Salzen gebildet hat, nicht weggießen, sondern einfach trinken. Er enthält gute Inhaltsstoffe und schmeckt erfrischend, wenn er mit etwas gehacktem Ingwer verfeinert wird.

Gurkensalat auf Japanisch
Wer keine Sahne mag, oder keine tierischen Produkte isst, kann einen Gurkensalat einfach auf japanische Art zubereiten. Statt Sahne nimmt man Sesamöl und Reisessig. Gewürzt wird mit Salz, Chili und etwas Rübenkraut oder Ahornsirup. Als Topping Sesamkörnchen rösten und den Salat damit vollenden.

Gurken richtig schälen
Ob man Gurken schält, ist Geschmackssache. Die Variante mit Schale sollte dann allerdings aus dem eigenen Garten oder aus dem Bio-Anbau kommen. Früher hat man Gurken von oben zum Stielansatz hin geschält. So konnten sich die darin enthaltenen Bitterstoffe nicht über das ganze Exemplar verteilen.
Auf Grund moderner Züchtungen enthalten Gurken kaum noch Bitterstoffe. Bei Pflanzen aus dem Garten kann es sich allerdings anders verhalten. Da sollten Sie erst probieren und am besten die Enden abschneiden.

Gurkensalat in Dill-Sahne-Sauce

Zutaten für 2-3 Portionen

1 Salatgurke
70 ml Sahne
½ Zitrone
1 kleine Zwiebel
1 Bund Dill
Salz
Pfeffer

Zubereitung

Die Gurke schälen und die Enden etwas einkürzen. Das Gemüse in sehr dünne Scheiben hobeln und salzen. Einen Teller auf die Schüssel legen und die Gurkenscheiben circa 15 Minuten ziehen lassen.

Währenddessen die Zwiebel fein würfeln und den Dill zupfen und hacken. Die Sahne in eine passende Schüssel füllen, den Saft einer halben Zitrone zugeben und beides mit einem Schneebesen cremig rühren. Zwiebelstücke und Dill unterheben und mit Pfeffer würzen.

Gesalzene Gurkenscheiben in ein Sieb geben, gut abtropfen lassen und anschließend unter die Sauce mischen. Jetzt probieren, ob noch Salz fehlt. In der Regel reicht die Menge, die zum Wässern verwendet wurde.

Anrichten
Den Gurkensalat in eine Schüssel füllen und mit Dillzweigen garnieren. Gurkensalat passt bestens zu gebratenem Schnitzel oder Fisch. Er schmeckt auch als erfrischende Beilage zu belegten Broten oder pur.

Gurkencremesüppchen mit Dill

Von Juli bis August ist saure Gurkenzeit. Am Gemüsestand kaufe ich dann gern kleine Gurken. Die lege ich aber nicht sauer ein, sondern verarbeite sie zu einer leichten Suppe. Ist es draußen ständig heiß, hat man jetzt im Hochsommer kaum Appetit. Da ist etwas Leichtes gefragt – eine Gurkensuppe erfrischt und versorgt uns mit wertvollen Nährstoffen. Die Suppe bekommt einen besonderen Kick, weil sie mit frischem Dill und Gewürzgurkensud abgeschmeckt wird.

Ullas Küchentipps

Gurkensuppe nach eigenem Gusto verändern
Die leichte Gurkensuppe lässt sich mit gekochten Eierscheiben, gebratenem Lachs oder Räucherwurst zu einer kräftigen Mahlzeit aufstocken. Dafür zunächst die Grundsuppe kochen. Bei der Fischbeigabe könnten Sie statt Brühe mit einen Fischfond aufgießen.

Vegetarier verwenden Gemüsebrühe und Fleischesser verlängern mit Geflügel- oder Rinderfond. Statt Pellkartoffeln können Sie natürlich auch einen Ansatz aus frischen Kartoffeln und Möhren kochen, damit die Suppe sämig wird.

Gurkencremesüppchen mit Dill

Zutaten für 4 Portionen

250 g Pellkartoffeln
500 g kleine Gurken
1 Zwiebel
1 kleiner Bund Dill
4–5 Gewürzgurken mit Sud
ca. 1,5 l Brühe
200 g Sauerrahm
2 Lorbeerblätter
Salz
Pfeffer
Butterfett zum Anbraten

Außerdem
100 g Schlagsahne
100 g Croûtons

Zubereitung

Die gekochten Kartoffeln pellen und in Stücke teilen. Die Zwiebel schälen und würfeln. Die Gurken nur waschen und dann in Scheiben teilen. Die Gewürzgurken klein schneiden.

In einem passenden Topf etwas Butterfett schmelzen und die Zwiebelstücke anschwitzen. Beide Gurkensorten und die Kartoffeln zugeben und alles gut umrühren. Dann mit Brühe auffüllen und mit Lorbeerblättern, Salz und Pfeffer würzen. Nach 15 Minuten die Lorbeerblätter entnehmen. Den Dill hacken und die Hälfte des Krauts mit dem Sauerrahm in die Suppe geben. Alles pürieren und noch einmal einige Minuten gut durchkochen. Mit Salz und Pfeffer abschmecken.

Anrichten
Die Suppe auf Teller verteilen und mit Sahnehäubchen, gerösteten Brotwürfeln und Dill verfeinern.

Apfel-Matjes-Tatar

Jedes Jahr freue ich mich auf den neuen Matjes. Er wird Ende Mai bis Mitte Juni gefangen und eingelegt. Dann, wenn die jungfräulichen Heringe vor dem Laichen den perfekten Fettanteil von mindestens 16 % erreicht haben. Holländischer Matjes ist besonders mild. Der einzigartige Geschmack entsteht, wenn fette, junge Heringe in einer leichten Salzlake ziehen und mit einem körpereigenen Enzym aus ihrer Bauchspeicheldrüse reagieren. Für mein sommerliches Apfel-Matjes-Tatar sollten Sie alle Zutaten sehr fein schneiden, damit sich die Aromen harmonisch verbinden.

Ullas Küchentipps

Matjes nicht lange lagern

Die Doppelfilets, die mit Schwanzflosse in den Handel kommen, zeigen innen eine leicht rötliche Färbung auf. Auch wenn Matjes reichlich Fett enthält, ist dieser Fisch sehr gesund. Es sind die guten Omega-3-Fettsäuren, die ihn für unsere Ernährung so wertvoll machen.
Die Filets sollten idealerweise noch am selben Tag oder maximal am Folgetag verzehrt werden. Ansonsten in den Kühlschrank geben und spätestens nach drei Tagen aufessen. Ob man Matjes mit oder ohne Zwiebel serviert – da streiten sich die Geister. Für Puristen heißt es: Kopf in den Nacken, den Fisch bei der Schwanzflosse packen und einfach essen!

Apfel-Matjes-Tatar

Zutaten für 4 Portionen

4 Stück Doppelmatjes
1 Apfel
70 g Gewürzgurken
70 g Radieschen
1 kleine Zwiebel
½ Zitrone
Frische Kräuter (Schnittlauch oder Petersilie)
Salz
Pfeffer

Außerdem
Blattsalat zum Garnieren
Radieschen zum Verzieren
8 Baguettescheiben
Butter zum Bestreichen

Zubereitung

Den Apfel und die Zwiebel schälen und die Radieschen putzen. Alle drei Zutaten und die Gewürzgurken in sehr feine Würfel schneiden. Die Kräuter hacken. Die Schwanzflossen der Doppelmatjes abschneiden und die Filets in kleine Stücke teilen. Alles in einer Schüssel vermischen, mit Zitronensaft beträufeln und mit Salz und Pfeffer abschmecken. Bis zum Anrichten in den Kühlschrank stellen und gut abdecken.

Anrichten
Baguettescheiben rösten und buttern. Das Apfel-Matjes-Tatar in eine passende Form pressen und auf die gebutterten Röstbrote stürzen. Mit Salat garnieren und mit Radieschenspänen verzieren. Apfel-Matjes-Tatar lässt sich auch mit Bratkartoffeln zu einer Hauptmahlzeit aufstocken.

Creme aus frischen Erbsen

Aus jungen Erbsen und sahnigem Frischkäse lässt sich ein köstlicher Brotaufstrich zaubern. Gehackter Ingwer und Basilikum aus der Provence sorgen hier für die richtige Würze. Manchmal tausche ich den Frischkäse durch die gleiche Menge Mandelmus aus. Dann sind auch die Gäste gut versorgt, die vegan essen. Weißes Mandelmus ist ein sehr hochwertiges Lebensmittel, das viele gute Fette liefert. Es zeichnet sich durch seinen besonders feinen Geschmack aus und passt hervorragend zu den frischen, jungen Erbsen. Ob mit oder ohne Tierisches – beide Varianten sollten Sie unbedingt einmal ausprobieren und dann selbst urteilen, was besser schmeckt.

Ullas Küchentipps

Erbsen aus der Tiefkühltruhe

Ist die Saison der frischen Erbsen vorbei oder man hat keine Zeit zum Pulen, einfach zu jungen Tiefkühlerbsen greifen. Die müssen vor der Weiterverarbeitung nur einmal kurz blanchiert und danach abgeschreckt werden. Tiefkühlerbsen bieten sich auch an, wenn die Erbsen-Creme als Büffetbaustein für eine Party oder zum Grillevent gedacht ist. So lässt sich preiswert und schnell eine Paste zaubern, die pur schmeckt, aber auch mit Fleisch und Fisch harmoniert.

Kräftiges Basilikum-Aroma

Provence-Basilikum gibt es auf dem Markt beim Gemüsehändler oder beim Gärtner. Es lohnt sich, einen Topf dieses kleinblättrigen Basilikums in den Blumenkasten oder in den Garten zu pflanzen. Das Kraut ist würziger als herkömmliches Basilikum und das Aroma bleibt besonders in gekochten Speisen gut erhalten.

Mandelmus einkaufen

Helles Mandelmus gibt es im Naturkosthandel oder in gut sortierten Supermärkten im Bio-Lebensmittelregal. Weißes Mandelmus ist etwas teurer als die leicht bräunliche Variante, die mit Schale verarbeitet wurde.
Ich bevorzuge helles Mus, da die Erbsen-Creme dann ihre leuchtend grüne Farbe behält.

Creme aus frischen Erbsen

Zutaten für 4 Portionen

1 kg frische Erbsen
150 g Frischkäse
½ Bio-Zitrone
1 kleines Stück Ingwer
Salz
Pfeffer
1 Prise Zucker
Etwas frisches Provence-Basilikum

Zubereitung

Die Erbsen aus den Schoten pulen. In einem passenden Topf Wasser erhitzen, Salz und eine Prise Zucker zugeben und die Erbsen circa 5 Minuten blanchieren. Das Gemüse in Eiswasser abschrecken und in einem Sieb abtropfen lassen. Zwei Esslöffel gekochte Erbsen in einen Becher füllen und als Dekoration zur Seite stellen.

Den Ingwer mit Hilfe eines Esslöffels abschälen und dann fein hacken. Die Basilikumblättchen abzupfen.

Erbsen, Frischkäse, Ingwer und Basilikumblätter in ein hohes Gefäß füllen. Mit abgeriebener Zitronenschale, Zitronensaft, Salz und Pfeffer verfeinern. Alles zusammen mit einem Mixstab kurz pürieren.

Anrichten
Die Creme in ein schönes Glas füllen und mit den ganzen gekochten Erbsen und einem frischem Basilikumsträußchen garnieren. Zu geröstetem Weißbrot, zu Fladenbrot oder zu Baguette reichen.

Schafskäse in Sesamkruste auf Sommersalat

Auch daheim kann man sich an einem freien Tag ein bisschen Mittelmeer-Feeling auf den Teller zaubern. Dafür verpacke ich Schafskäsescheiben in ein Sesamkleid und richte den knusprigen Käse auf einem bunten Salat an. Allein schon der Einkauf vorher auf dem Wochenmarkt versetzt mich in Urlaubsstimmung. Die Sonne scheint, ich probiere Oliven beim Feinkosthändler, es riecht nach frischem Brot und ich lege aromatische, reife Tomaten in meinen Einkaufskorb. Am Kaffeewagen trinke ich einen Latte Macchiato und mein kleiner Hund bekommt beim Metzger ein großes Stück Wurst. Wenn es möglich ist, nehme ich mir Zeit für diesen wöchentlichen Einkauf. Schließlich ist der Markt auch ein Ort, wo man Bekannte und Nachbarn trifft.

Ullas Küchentipps

Kaltes und Warmes auf einem Teller stressfrei servieren

Oft sind Gerichte schwer zu timen, wenn Heißes mit Kaltem kombiniert wird. Der gebackene Schafskäse kühlt besonders schnell aus, da Sie ihn auf dem Salat nicht warmhalten können. Damit bei mehreren Gästen kein Stress aufkommt, ist es ratsam, zunächst alles für den Salat vorzubereiten und kalt zu stellen. Die Sauce können Sie auch schon anrühren und in ein Kännchen umfüllen. Nun den Schafskäse komplett fertigstellen und danach bei geringer Temperatur (100°C) im Backofen warm halten. Den Salat erst vollständig anrichten, wenn alle am Tisch sitzen und zum Schluss den Käse anlegen.

Olivenöl darf nicht qualmen

Olivenöl ist leckere, gesunde Mittelmeerkost und für die kalte Küche, zum Dünsten und zum Braten geeignet. Bitte achten Sie darauf, dass das Öl nicht zu heiß wird und seinen Rauchpunkt erreicht. Zum einen verbrennt die Sesampanade schnell, zum anderen verliert unser natives Olivenöl durch zu viel Hitze nicht nur seine guten Inhaltstoffe, sondern kann sogar gesundheitsschädlich werden, da sich Transfettsäuren bilden.

Schafskäse in Sesamkruste auf Sommersalat

Zutaten für 2–3 Portionen

Käse
300 g Schafskäse
1 Ei
2–3 EL Mehl
70 g Sesam

Außerdem
Olivenöl zum Anbraten

Salat
1 Romana-Salat
4 EL Olivenöl
½ Zitrone
1 Prise Zucker
3 reife Tomaten
Frische Kräuter (Schnittlauch, Borretsch, Petersilie oder Minze)
Salz
Pfeffer aus der Mühle

Zubereitung

Für die Panade Mehl und Sesam in zwei tiefe Teller füllen. In einen dritten Suppenteller das Ei geben und verquirlen. Den Schafskäse in breite Streifen teilen, die ungefähr die Größe von Fischstäbchen haben. Nacheinander die Käsestücke zunächst vorsichtig in Mehl, dann in Ei und zuletzt in Sesam wenden. In einer Pfanne Olivenöl erhitzen und alle Exemplare rundum vorsichtig anbraten. Dann auf ein kleines Blech umsetzen und für circa 10 Minuten bei 180°C im Backofen ziehen lassen.

Für den Salat die Tomaten halbieren und den grünen Stielansatz wegschneiden. Das Kerngehäuse mit einem Löffel auskratzen und in einer Schüssel auffangen. Die Hälften in halbzentimeterdicke Spalten schneiden und zur Seite stellen.

Für das Dressing das Tomateninnere durch ein Sieb passieren und die Flüssigkeit auffangen. Aus Tomatensaft, fein gezupften Kräutern, etwas Zitrone, Salz, einer Prise Zucker und Olivenöl eine cremige Sauce rühren.

Den Romana-Salat putzen, waschen und trocken schleudern. Dann halbieren, den festen Strunk keilförmig abschneiden und den Salat in Streifen teilen.

Anrichten
Romana-Salat auf die Teller legen und darauf die Tomatenstücke verteilen. Die Sauce angießen und mit Pfeffer aus der Mühle vollenden. Unmittelbar vor dem Servieren die Schafskäsestreifen auflegen.

Ganze Artischocke

Frische Artischocken kochen? Mittlerweile werden Artischocken regelmäßig auf meinem Wochenmarkt angeboten. Es gibt kleine, längliche und große, runde Exemplare. Letztere kann man gut im Ganzen zubereiten und kalt oder warm servieren. Man dippt die dicken Ansätze der gekochten Blätter in Vinaigrette oder Knoblauchmayonnaise. Ein unkompliziertes Fingerfood für die Sommerküche.

Ullas Küchentipps

Heu entfernen und Artischocken im Sud aufheben

Ganze Artischocken schmecken warm oder kalt. Große Exemplare sind oft so sättigend, dass sie eine komplette Hauptmahlzeit ersetzen. Man kann Artischocken prima vorgaren und am nächsten Tag im Kochwasser wieder aufwärmen. Bleiben Artischocken übrig, am besten im Sud aufheben – ansonsten verliert das Gemüse seinen öligen Glanz und wird trocken. Aus den abgekühlten Artischocken sollten Sie das innere Heu entfernen. Dieser Arbeitsschritt erspart Ihren Gästen lästiges Sezieren am Tisch.

Hoher Gesundheitswert und unterschiedliche Sorten

Artischocken sind wegen ihrer Bitterstoffe sehr bekömmlich. Sie regen die Gallentätigkeit an, schützen die Leber und können den Cholesterinspiegel senken. Artischocken enthalten kaum Kalorien. Aber nur dann, wenn man sich bei den Dips zurückhält. Im Handel werden von März bis Dezember unterschiedliche Sorten angeboten.
Je nach Pflanzenart kann man – bei runden Sorten – Boden und Blätter und – bei länglichen jungen Artischocken – das Herz und sogar den Stiel verarbeiten. Die Artischocke enthält den Bitterstoff Cynarin, der sich positiv auf den Fettstoffwechsel auswirken soll. Es gibt einen bekannten italienischen Artischocken-Bitter-Likör, der als Digestif getrunken wird.

Artischocke als Schlankgericht

100 g Artischocke enthalten 41 kcal. Das Gemüse punktet mit einem hohen Anteil an Ballaststoffen und wenig Kohlenhydraten. Es enthält reichlich Nährwerte: Vitamine B1, B3, Eisen, Kalzium, Kalium und Magnesium.

Ganze Artischocke

Zutaten für 4 Portionen

4 große Artischocken
100 g Sellerie
1 Knoblauchknolle
3–4 Lorbeerblätter
1 Bio-Zitrone
Frischer Rosmarin
Frischer Thymian
Salz
100 ml Olivenöl

Schüttelvinaigrette
3 cl Apfelessig
9 cl Olivenöl
1 TL milder Senf
1 TL Honig
Salz
Pfeffer

Knoblauchsauce
1 EL Senf
5–6 EL Essig oder Zitrone
100 ml Soja- oder Hafersahne
100 ml mildes Oliven- oder Rapsöl
1 Knoblauchzehe
Salz
Pfeffer

Zubereitung

Zunächst die äußeren Blätter der Artischocken mit einer Haushaltsschere rundum etwas einkürzen. Die Schnittstellen kann man mit Zitronensaft oder Essig einpinseln, dann werden sie nicht so dunkel. Jetzt ist Muskelkraft gefragt. Der Stiel wird nicht abgeschnitten, sondern – am besten an der Tischkante – mit den Händen abgebrochen. Dabei reißen die langen Fasern, die den Artischockenboden festhalten.

Für den Fond Sellerie schälen und in 2–3 Stücke teilen. Die Knoblauchknolle im Ganzen quer halbieren und die Zitrone in Scheiben teilen. Die Artischocken mit allen Gemüsesorten, Gewürzen, Kräutern und etwas Öl in einen passenden Topf geben. Mit kochendem Wasser auffüllen, bis alle Exemplare gut bedeckt sind. Damit sie nicht an der Oberfläche schwimmen, einen großen Teller auflegen, der das Gemüse unter Wasser hält. Bei mittlerer Hitze ca. 35 Minuten garen. Die Artischocken sind fertig, wenn sich die äußeren Blätter einfach lösen lassen. Das Kochen erfordert etwas Fingerspitzengefühl – ansonsten wird der Boden zu weich.

Für die Vinaigrette alle Zutaten in ein Marmeladenglas geben und den Deckel fest zuschrauben. Eine Minute schütteln und dann in Portionsschalen füllen. Sie können durchaus die doppelte Menge Vinaigrette herstellen und im Schraubglas aufbewahren. Vor jeder Verwendung kurz schütteln, damit sich alle Zutaten wieder verbinden. So ist für genug Salatsaucenvorrat gesorgt.
Für die Knoblauchsauce Senf, Sojasahne und Essig in ein hohes Gefäß geben. Knoblauchzehe schälen und halbieren und in das Gefäß dazugeben. Mit dem Mixstab die Zutaten gut verquirlen und nach und nach das Öl zugeben. Je nach Konsistenz kann man mit etwas Gemüsebrühe oder Wasser verdünnen. Mehr Öl lässt die Sauce fester werden. Zum Schluss mit Salz und gemahlenem Pfeffer abschmecken. Diese Sauce ebenfalls in Portionsschalen füllen.

Anrichten
Die Artischocken aus dem Kochwasser heben, gut abtropfen und etwas abkühlen lassen. Die obere Blüte abheben und zur Seite legen. Nun das Heu vom Boden lösen und wegwerfen. Obere Blüte umgekehrt aufsetzen und alle Artischocken auf Tellern verteilen. Dazu die beiden Saucen zum Dippen reichen und Papierservietten für die Hände bereithalten.

Rote-Bete-Pesto

Die Zeiten, in denen man Radieschen- und Rübenblätter weggeworfen hat, sind vorbei. Ich bereite aus Rote-Bete-Laub und Kürbiskernen gern ein Pesto zu. Im Frühsommer bietet mein Gemüsehändler auf dem Wochenmarkt die jungen Knollen samt Blattwerk an. So lässt sich vom Blatt bis zur Knolle alles von der Pflanze verwerten. Kalte Würzsaucen halten sich gut im Kühlschrank frisch und geben gerade im Sommer Grillgemüse den richtigen Kick.

Ullas Küchentipps

Hasen wissen was gut ist

Wer bei Rüben und Co. das Blattgrün mitverwenden möchte, sollte auf Gemüse zurückgreifen, das aus dem eigenen Garten oder aus biologischem Anbau stammt. In den Blättern der Knollen stecken viele Vitamine und Nährstoffe. Bei gekochten Karotten zum Beispiel – statt Petersilie – die grünen Blättchen zugeben. Das schmeckt gut und macht die Speise gesünder.

Rote Bete auf Crostini als Fingerfood

Einige Weißbrotscheiben rösten. Gekochte Rote-Bete-Knollen in dünne Scheiben teilen. Im gleichen Format Apfelscheiben zurechtschneiden. Nun etwas Pesto aufs Brot geben und Rote Bete mit Apfelscheiben dachziegelartig auflegen. Dann wieder Pesto darüber geben und mit gerösteten Kürbiskernen und gebratenen Rote-Bete-Stängeln vollenden.

Pesto aus Möhrengrün

Statt Basilikum für ein klassisches Pesto sollten Sie einfach mal etwas Möhrengrün mit Pinienkernen, Olivenöl und Parmesankäse vermischen.

Rote-Bete-Pesto

Zutaten für ca. 8 Portionen

5 Rote-Bete-Blätter
1 Bio-Zitrone
1 Knoblauchzehe
80 g Kürbiskerne
150 ml Kürbiskernöl
80 g Parmesan
Salz
Pfeffer

Zubereitung

Die Kürbiskerne rösten und abkühlen lassen. Rote-Bete-Blätter waschen, gut abtrocknen und in feine Streifen schneiden. Die roten Stiele und die Knollen zur Seite legen. Den Parmesankäse reiben und den Knoblauch schälen und vierteln. Blattstreifen, ¾ der Kürbiskerne, Knoblauch, Parmesan und Kürbiskernöl zu einer glatten Paste mixen. Mit Zitronenschale, Salz und Pfeffer würzen. Das Pesto in ein Schraubglas füllen und im Kühlschrank aufbewahren. Wenn man immer mit einem sauberen Löffel die Würzsauce entnimmt, bleibt Pesto einige Tage lang haltbar. Mit den restlichen Kürbiskernen das Gericht bestreuen.

Serviervorschlag
Rote-Bete-Knollen kochen und in dünne Scheiben teilen. Die Blattstiele in Streichholzlänge zurechtschneiden. Dann in Butter oder Pflanzenöl kurz anbraten und mit Salz und Pfeffer würzen. Rote-Bete-Scheiben mit gekochtem Ei oder mit dünnen Apfelspalten anrichten. Mit Pesto beträufeln und mit gebratenen Stängeln vollenden.

Melonensüppchen

Melonen schmecken wirklich nur dann gut, wenn sie richtig reif sind und ihr ganzes Aroma entfaltet haben. Für Ungeübte ist es an der SB-Obsttheke gar nicht so leicht, den richtigen Reifegrad von Melone, Ananas und Co. zu erkennen. Wer sich da unsicher ist, lässt diese Früchte besser im Supermarkt liegen und kauft sie beim Fachhändler. Das ist vielleicht etwas teurer, aber es zahlt sich aus, weil man Sie dort beraten kann.

Ullas Küchentipps

Portwein später zugeben oder durch Kokosmilch austauschen
Besonders erfrischend ist es, wenn Sie die Melonenbällchen im Eisfach etwas anfrieren und erst kurz vor dem Anrichten in die Kaltschale legen.

Sollten Kinder oder Personen mitessen, die keinen Alkohol trinken, kann man den Portwein später am Tisch über die Suppe träufeln. Auch die Kombination Melone mit Kokosmilch statt mit Portwein schmeckt gut. Ob Sie Galia- und Netzmelone, Cantaloupe- und Charentais-Melone sowie Honigmelone und die Sorte Futuro verarbeiten, ist im Grunde beliebig.

Melonensüppchen

Zutaten für 4 Portionen

½ Honigmelone
½ Charentais-Melone
500 g Wassermelone
einige Minzzweige
½ Zitrone
1 Stück Ingwer
1 TL Vanillezucker
100 ml weißer Portwein

Außerdem
Cayennepfeffer
4 EL Sauerrahm

Zubereitung

Die Melonenstücke entkernen und mit einem Kugelausstecher schöne Bällchen aushöhlen. Restliches Fruchtfleisch herauskratzen und in ein hohes Gefäß füllen. Den Ingwer schälen und fein hacken. Zitronensaft, Vanillezucker, Portwein, Ingwer und etwas Cayennepfeffer ins Gefäß dazugeben. Dann mit einem Pürierstab alles zu einer glatten Masse mixen.

Anrichten
Melonenmasse in vier Suppenteller füllen und die Melonenbällchen auflegen. Mit einem Klecks Sauerrahm und Minze verfeinern.

Blaubeerkaltschale

Eine kalte Suppe aus Blaubeeren ist im Sommer sehr erfrischend. Sie schmeckt als Dessert oder als leichte süße Mahlzeit für zwischendurch. Eigentlich kommt das Gericht aus Finnland, wo Blaubeeren überall im Wald im Übermaß zu finden sind. Hier bei uns geht man am besten auf den Markt. Da verkaufen Händler kurz vor Schluss das empfindliche Obst schon mal etwas preiswerter. Aus diesen überreifen Beeren koche ich dann die wunderbare Blaubeerkaltschale oder Marmelade für den Vorratsschrank.

Ullas Küchentipps

Tiefkühlobst oder die Sorte tauschen

Wenn es keine frischen Beeren mehr gibt, spricht nichts dagegen, auf gefrorene Ware zurückzugreifen. Ursprünglich wird die Kaltschale nur mit Zucker gewürzt. Allerdings entwickelt sich der Fruchtgeschmack besser, wenn etwas Zitronenschale und Zimt das Obst verfeinern. Man muss die Suppe auch nicht unbedingt passieren. Ich finde es eleganter, da weder harte Schalen noch lästige Kerne den Genuss trüben. Auch aus Pflaumen oder Sauerkirschen lässt sich eine erfrischende Kaltschale kochen. Pflaumen schmecken mit Zimtstange, zu Sauerkirschen passt ein wenig frischer Rosmarin.

Das Auge isst mit

Damit sich im Kühlschrank keine Haut auf der Suppe bildet, streue ich etwas Zucker über die Kaltschale. Auch Klarsichtfolie, die direkt auf die Oberfläche der Beerensuppe aufgelegt wird, verhindert das Antrocknen.

Einkaufstipp

Rohrohrzucker zeichnet sich durch einen feinen Karamellgeschmack aus. Man findet ihn im Naturkosthandel oder im gut sortierten Supermarkt.

Blaubeerkaltschale

Zutaten für 2 Portionen

250 g Blaubeeren
500 ml Wasser
60 g Rohrohrzucker
1 EL Kartoffelstärke

Außerdem
½ Bio-Zitrone
2 Zimtstangen
150 g Schmand (24 % Fett)

Zubereitung

Die Blaubeeren waschen und in einen Topf geben. Mit Zucker, Zitronenschale und Zimt würzen. Das Wasser angießen und die Beeren einmal kurz aufkochen.

Ein Sieb auf einen zweiten Kochtopf legen und die Beerensuppe in das Sieb gießen. Mit dem Rücken einer Schöpfkelle die Masse ausdrücken, dass nur Kerne, Schalen und die beiden Zimtstangen übrig bleiben. Den Topf wieder auf den Herd stellen und die Blaubeeren mit angerührter Kartoffelstärke abbinden. Die Suppe einmal aufkochen, zur Seite stellen und abkühlen lassen. Die Kaltschale abdecken und über Nacht im Kühlschrank ziehen lassen.

Anrichten
Blaubeersüppchen auf Tellern verteilen. Mit Schmand oder dem fettärmeren Sauerrahm und frischen Blaubeeren verzieren.

Aprikosenkuchen vom Blech

Selbstgebackener Aprikosenkuchen aus reifen Früchten – ja, jetzt ist Sommer! Ich liebe das Gebäck, wenn es frisch aus dem Ofen kommt. Hier heißt es aufpassen, dass überhaupt noch ein Stück für die Kaffeetafel übrig bleibt. Bei einem Gartenfest stelle ich auch gern das ganze Blech auf den Tisch und jeder greift nach Lust und Laune zu. Für Picknick, Partybuffet und Kindergeburtstage schneiden Sie den Blechkuchen besser in kleine Portionen und setzen ihn in Papiermanschetten.

Ullas Küchentipps

Obstsorten variieren

Aprikosen können Sie durch Rhabarber oder rote Johannisbeeren austauschen. In dem Fall eine Baiser-Haube über der Obstschicht verteilen und mitbacken lassen.

Hausgemachter Vanillezucker

Vanillezucker stelle ich immer selbst her. Er schmeckt einfach besser als künstlicher Vanillin-Zucker. Deshalb ausgehöhlte Vanilleschoten niemals wegwerfen. Die halbierten, ausgekratzten Schoten in kleine Stücke schneiden und im Blitzhacker oder in einer elektrischen Kaffeemühle mit 4 EL Zucker fein mahlen. Er sieht dann aus wie Puderzucker. Jetzt mische ich ihn mit der doppelten Menge Haushaltszucker. In ein Glas abfüllen und gut verschließen.

Aprikosenkuchen vom Blech

Zutaten für 1 Backblech à 30 x 40 cm

500 g Aprikosen
400 g Mehl
100 g Mandelmehl
150 g Puderzucker
1–2 TL Vanillezucker, z.B. selbst gemacht
1 TL Weinsteinbackpulver
1 Prise Salz
250 g kalte Butter
4 kalte Eier
ca. 25 Stück ungeschälte Mandeln

Außerdem
1 EL Butter
50 g brauner Zucker
2 EL Puderzucker

Zubereitung

Die Aprikosen waschen, halbieren, entkernen und zur Seite stellen. Das Mehl in eine Schüssel sieben. Mit Backpulver, Mandelmehl und einer Prise Salz vermischen.

Die kalte Butter in grobe Stücke schneiden und mit Puderzucker in die Schüssel einer Küchenmaschine füllen. Beide Zutaten zügig verrühren. Ein Ei nach dem anderen untermischen und dann sofort die ganze Mehlmenge auf einmal zugeben. Nur kurz weiter kneten, damit sich nicht der Kleber im Mehl aktiviert. Die Hände mit Mehl bestäuben, den Teig aus der Rührschüssel heben und zu einer Kugel formen.

Einen Bogen Backpapier mit etwas Mehl bestreuen und den Teig gleichmäßig ausrollen. Ungefähr fünf Aprikosenhälften in fünf Reihen in passendem Abstand auf dem Kuchen verteilen. In jede Aprikose einen Mandelkern stecken. Dann über die Aprikosen ein wenig braunen Zucker rieseln lassen. Im vorgeheizten Ofen bei 180°C Umluft circa 35 Minuten backen.

Anrichten
Noch ofenwarm in 25 Quadrate teilen. Zum Servieren in Papiermanschetten legen und mit Puderzucker verzieren. Für den sicheren Transport die abgekühlten Stücke in eine passende Plastikdose stapeln und mit Deckel verschließen.

Mürbeteigtörtchen mit bunten Beeren

Es muss nicht immer gleich ein ganzer Kuchen sein. Wie wäre es mit einem klassischen Mürbeteigtörtchen? In einer gut verschlossenen Vorratsdose warten die selbstgebackenen Torteletts auf ihren großen Auftritt. Je nach Personenzahl und Anlass werden ein oder gleich alle Törtchen belegt. Den ganzen Sommer über finden Sie auf dem Markt leckere, frische Beeren, die man auf eine Schicht aus süßem Schmand bettet.

Ullas Küchentipps

So gelingt Mürbeteig

Am besten Puderzucker oder feinen Backzucker verwenden. Die beiden Sorten lösen sich schneller in der Butter auf. Immer zuerst Butter und Zucker so lange verrühren, bis eine glatte Masse entstanden ist. Eier und Flüssigkeiten – wie Eiswasser – zügig und nicht zu lange einrühren. Es sollte keine Luft unter den Teig gehoben werden. Das Mehl sieben und die ganze Mehlmenge bei kleiner Rührstufe schnell einarbeiten. Zu langes Rühren schadet dem Teig, da sich dann der Kleber aktiviert.

Wenn die Butter und das Ei richtig eiskalt waren, könnte man sofort mit dem Ausstechen beginnen.

Bei warmer Butter jedoch ist unbedingt eine Ruhezeit von circa 30 Minuten im Kühlschrank einzuhalten. In der Regel hat Backpulver nichts in Mürbeteig zu suchen. Besonders unsinnig ist es, wenn der Teig danach im Kühlschrank ruht. Wenn Backpulver mit Flüssigkeit, in dem Fall mit Ei, in Berührung gekommen ist, entwickelt es die erste Stufe seiner Triebkraft. Der Teig darf dann nicht mehr ruhen, sondern muss sofort in den heißen Ofen. Formen gut fetten und die Törtchen sofort, wenn sie aus dem Ofen kommen, stürzen. Ist das Gebäck kalt, klebt es am Metall.

Dem Obst leichten Glanz verleihen

Damit das Obst länger appetitlich aussieht, kann man die Früchte mit Tortenguss beträufeln. Gekaufter Tortenguss enthält oft Farb- und Aromastoffe. Aus Obstsaft oder Weißwein lässt sich mit Kartoffelstärke und Zucker ein Guss selbst herstellen.

Mit Aprikosen-, Holunder- oder Rosengelee ist das Überglänzen noch einfacher. Geleemenge kurz erwärmen, gut umrühren und die Beeren mit der fast abgekühlten Masse dünn bestreichen.

Mürbeteigtörtchen mit bunten Beeren

Zutaten für 8 Törtchen à 9 cm Ø

250 g Weizenmehl
125 g kalte Butter
100 g Puderzucker
1 Ei
1 EL echten Vanillezucker
1 Prise Salz
150 g Schmand
3 EL Aprikosengelee
Melisse und Blütenblätter zum Verzieren

Außerdem
8 Tortenförmchen
Butter zum Einfetten
4 EL Semmelbrösel

Zubereitung

Die kalte Butter in Stücke schneiden. Mit den Knethaken des Handmixers oder in einer Küchenmaschine die Butter mit 70 g Puderzucker auf mittlerer Stufe verrühren. Das Ei und eine Prise Salz untermischen. Das gesiebte Mehl auf einmal zugeben und zügig einarbeiten. Die Hände mit Mehl bestäuben und den Teig aus der Schüssel heben. Zunächst die Masse zu einer Kugel und dann zu einer rechteckigen Platte formen. In Klarsichtfolie einschlagen und 30 Minuten im Kühlschrank ruhen lassen.

Währenddessen die Tortenförmchen gut einfetten und mit Semmelmehl auskleiden. Den gekühlten Teig auf einer bemehlten Fläche halbzentimeterdick ausrollen. Nach und nach die Blechförmchen auflegen, ausstechen und die Formen damit auskleiden. Etwas andrücken und mit einer Gabel die Oberfläche mehrmals perforieren. So bilden sich beim Backen keine Beulen.

Die Törtchen auf einem Backgitter verteilen und im vorgeheizten Ofen bei 200°C Umluft circa 15 Minuten goldgelb backen.

Noch heiß aus den Formen heben, stürzen und auf einem Gitter vollständig auskühlen lassen.

Für die Füllung den Schmand mit dem restlichen Zucker verrühren. Einen Esslöffel Creme auf jedes Törtchen geben und glatt streichen. Die Beeren putzen und großzügig auf der Schmandschicht verteilen. Das Gelee eventuell etwas erwärmen, verrühren und mit einem Pinsel dünn auf das Obst auftragen. Mit Melisse und Blütenblättern garnieren.

Anrichten
Je nach Personenzahl ein oder mehrere Törtchen auf einem Dessertteller oder einer Tortenplatte servieren.

Clafoutis à la Ulla

Es ist Anfang Juli, die Zeit der dunkelroten, dicken Süßkirschen – Zeit für „Clafoutis aux cerises". Diese unkomplizierte französische Süßspeise aus dem Limousin ist ein Mittelding zwischen Kirschauflauf und köstlichem Kuchen. Der Clafoutis ist schnell zubereitet, wird in einer Tarte- oder Auflaufform gebacken und schmeckt unglaublich nach Sommer. Damit der Kirschsaft nicht ausläuft, wird das Obst nicht entkernt. Wir dürfen dann so wie früher als Kinder die Kirschkerne um die Wette spucken. Aber natürlich nur dann, wenn die Kaffeetafel draußen auf der Obstwiese gedeckt ist.

Ullas Küchentipps

Zahlreiche Varianten

Wie bei allen regionalen Rezepten schmeckt vielen Menschen das am besten, was sie aus ihrer Familie oder aus der Region kennen. So gibt es zahlreiche Abwandlungen, die mal mehr oder weniger Zutaten enthalten. Der Clafoutis-Klassiker zeichnet sich durch seine dünnflüssige Konsistenz aus und wird mit viel Milch oder Sahne angerührt. Er ähnelt im Grunde einem Pfannkuchenteig. Wenn das Eiweiß – wie hier im Rezept – aufgeschlagen wird und das Mehl etwas quellt, erhält der Teig eine festere Struktur. Statt Marzipanrohmasse kommt im Original manchmal Kirschwasser dazu. Das ist letztlich alles Geschmacksache und spornt uns an, immer wieder neue Rezepturen auszuprobieren.

Wann entkernen?

Wenn kleine Kinder und ältere Personen mitessen, sollten die Kirschen vorher entsteint werden.
Man kann das Obst auch durch Aprikosen, Pflaumen, Äpfel oder Birnen austauschen.

Clafoutis à la Ulla

Zutaten für eine Tarteform à 28 cm Ø

700 g Süßkirschen
100 g Crème fraîche
100 g Mehl
ca. 20 g zimmerwarme Butter
100 g brauner Zucker
4 Eier
100 g Marzipanrohmasse
1 TL Vanillezucker

Außerdem
Puderzucker zum Bestäuben
Handvoll frische Kirschen mit Stiel

Zubereitung

Die Kirschen waschen und den Stiel abdrehen. Eine Porzellankuchenform mit Butter ausstreichen und rundum einzuckern. Das Obst so legen, dass der Boden bedeckt ist. Marzipanmasse in kleine Stücke schneiden und über den Kirschen verteilen.
Für den Teig Mehl, Zucker, Vanillezucker und Crème fraîche in eine Schüssel füllen. Die Eier trennen und das Eigelb mit allen anderen Zutaten verrühren. Das Eiweiß zu Schnee schlagen und unterheben.
Den Teig gleichmäßig auf dem Obst verteilen. Die Form für circa 25 Minuten bei 170°C Umluft backen, bis die Oberfläche schön gebräunt ist.

Anrichten
Den Clafoutis mit Puderzucker bestäuben und mit frischen Kirschen garnieren. Die Süßspeise kann man sowohl warm als auch kalt servieren. Der Clafoutis ist auch prima für Picknick und Grillparty geeignet, da der Nachtisch sich einfach vorbereiten und gut transportieren lässt.

Zweierlei vom Sellerie

Knollensellerie ist in Suppe und Saucen ein Muss. Aber was macht man mit all dem Grünzeug, das übrigbleibt? Ich verarbeite die Blätter zu einem Würzöl und zu Kräutersalz. Beides sind preiswerte, selbstgemachte Küchengeschenke. Besonders, wenn man Salz und Öl in hübsche Gläser und Flaschen abfüllt und ein individuelles Etikett gestaltet. Neben einem Haltbarkeitshinweis sollte aufgelistet sein, welche Zutaten drinstecken und wie das Selbstgemachte gelagert werden muss.

Ullas Küchentipps

Die Menge der Zutaten sind ungefähre Angaben. Das Salz lässt sich – je nach Geschmack – auch grüner machen. Auch ein Mix mit anderen Kräutern ist möglich. Im Prinzip ist das Selleriesalz eine gute Möglichkeit, alles von der kompletten Pflanze zu verarbeiten. Es gibt Jahreszeiten, da fällt die Knolle ganz klein aus und wird dafür von üppigem Blattgrün überragt. Im Winter dagegen bekommen wir nur die Knolle und jegliches Grün fehlt. Um das auszugleichen, bietet es sich an, vorzusorgen und Würzöl oder Kräutersalz herzustellen. Wer keinen Sellerie mag, nimmt andere Kräuter. Das bietet sich besonders an, wenn man einen Gemüsegarten besitzt und Kräuter für den Winter konservieren möchte.

Zweierlei vom Sellerie

Zutaten

Kräutersalz
150 g Selleriegrün
500 g Salz

Sellerieöl
150 g Selleriegrün
250 ml Oliven- oder Rapsöl

Zubereitung

Die Blätter der Selleriezweige abzupfen, waschen und in eine Salatschleuder oder in ein sauberes Handtuch geben.

Für das Kräutersalz die Hälfte der Blätter mit Salz in einen Mixer füllen und fein zermahlen. Alles auf einem Backblech ausbreiten und circa 8 Stunden bei Zimmertemperatur stehen lassen. Mit der Hand oder mit einem Mörser mögliche Klümpchen, die sich beim Trocknen gebildet haben, zerreiben. Das Selleriesalz in passende Twist-Off-Gläser füllen. Am besten dunkel und verschlossen aufbewahren.

Für das Öl die restlichen Sellerieblättchen in einen Mixer füllen. Mit Öl bedecken und beide Zutaten zu einem feinen Mus verquirlen. Das Sellerie-Öl in Gläser füllen, mit einem Deckel verschließen und kalt stellen.

Verwendung
Das Selleriesalz zum Würzen von Suppen, Saucen oder Kräuterquark einsetzen. Mit dem Würzöl Eintöpfe, Gemüsesuppen, Brühen und Salate abschmecken. Das Olivenöl vor dem Gebrauch aus dem Kühlschrank nehmen und temperieren lassen. Diese Ölsorte wird bei Kälte fest. Würzöle eignen sich nicht zum Braten, da die Kräuter schnell verbrennen. Am besten das Öl immer kurz vor dem Essen zur Speise geben. So bleibt das Aroma optimal erhalten.

Die Blätter müssen bei beiden Zubereitungen vor dem Pürieren und Einlegen ganz sauber und trocken sein, damit alles gut haltbar bleibt. Beides gut verschlossen und dunkel aufbewahren. Das Öl innerhalb von 14 Tagen verbrauchen. Das Salz hält einige Monate.

Pflaumenkonfitüre

Wer sich im Winter regional ernähren möchte, sollte jetzt preiswerte Marktangebote nutzen. Die heimischen Früchte oder Gemüse kann man einmachen, trocknen, fermentieren oder zu Konfitüre verarbeiten. So können Sie den Sommer im Glas einfangen und sparen sich in der kalten Jahreszeit das Geld für teures Superfood, das um den halben Globus gereist ist.

Ullas Küchentipps

Alkoholfreie Variante

Der Wein lässt sich durch die gleiche Menge Johannisbeer-, Pflaumen- oder Traubensaft austauschen. Die Backpflaumen in eine der beiden Säfte einlegen, dann wie im Rezept beschrieben weiterverarbeiten.

Einmachen ist wieder modern

Selbst gekochte Konfitüre schmeckt immer besser als gekaufte Ware aus dem Supermarkt. Und man weiß genau, was drin steckt. Am besten Bio-Gelierzucker verwenden. Der besteht aus Rohrzucker, verleiht der Konfitüre einen schönen vollen Geschmack und enthält keine Konservierungsstoffe. Angedickt wird Bio-Gelierzucker mit Apfelpektin. Das Ergebnis sind schöne fruchtige Aufstriche. Da aber alle Lebensmittel mit der Zeit an Geschmack und Farbe verlieren, sollten Sie die Konfitüre innerhalb eines Jahres verbrauchen.

Pflaumenkonfitüre

Zutaten für 6 Gläser à 250 ml

1 kg Pflaumen
150 g Backpflaumen
150 ml Rotwein oder Johannisbeersaft
500 g Bio-Gelierzucker 2:1
1 Bio-Zitrone
2 Zimtstangen
1 Sternanis

Zubereitung

Die Backpflaumen mit den Gewürzen über Nacht in Rotwein einlegen. Frische Pflaumen entsteinen und anschließend abwiegen. Je nach Gewicht der Pflaumen gibt man die Hälfte der Obstmenge als Gelierzucker dazu. Mit Zitronensaft verfeinern und etwas Zitronenschale hineinreiben. Gut umrühren und leicht zerstampfen. Dann abdecken, zur Seite stellen und mindestens zwei Stunden ziehen lassen.

Die Backpflaumen und die Gewürze aus dem Rotwein nehmen. Zunächst die Backpflaumen unter die eingeweichten Pflaumen rühren. Dann alles pürieren und Zimt und Sternanis zugeben. Bei kleiner Herdtemperatur erhitzen und 2–3 Minuten köcheln lassen. Die Gewürze entnehmen und auf einem kalten Teller die Gelierprobe machen. Läuft die Konfitüre nicht mehr auseinander, hat sie die richtige Konsistenz. Andernfalls muss man die Konfitüre noch etwas mehr einkochen.

Gläser und Deckel zum Sterilisieren für 10 Minuten in kochendes Wasser legen. Nicht abtrocknen, nur abtropfen lassen. Die Konfitüre abfüllen und mit dem Twist-off-Deckel fest verschließen. Alle Exemplare kopfüber auf ein sauberes Handtuch stellen und nach 30 Minuten umdrehen.

WECK

Blütenzucker

Wenn man über Zucker und Kuchendekoration spricht, sind oft Farbstoffe und künstliche Aromen nicht weit. Wer für Torte oder ein festliches Dessert eine natürlichere Alternative sucht, sollte den Sommer einfangen und Haushaltzucker mit essbaren Blüten verfeinern. Ich pflücke im Juni in meinem Garten oder am Feldrand Wildrosenblütenblätter, Holunder, Kamille, Gänseblümchen oder Lavendel. Die Blüten sehen wunderschön aus und geben Duft und Farbe an den Zucker ab. Neben einem aromatischen Zucker stelle ich aus den Blüten auch immer etwas Gelee, Likör oder Sirup her. Denn nichts schmeckt besser als zarter Biskuitboden, der mit Holunderblütenlikör oder Rosengelee getränkt wurde. Einige der Blütenblättchen tauche ich in Zuckerlösung und trockne sie auf einem Blech. Sie sind die perfekte Deko für eine Hochzeitstorte.

Ullas Küchentipps

Essbare Blüten sammeln

Wer keinen eigenen Garten oder Balkon mit ungespritzten Blumen besitzt, kann Wildrosen, Holunderblüten oder Kamille sammeln. Dabei sollten Sie darauf achten, dass Sie abseits von verkehrsreichen Straßen pflücken und möglichst morgens unterwegs sind. Dann enthalten Blumen und Kräuter die meisten ätherischen Öle. Rosen, die nicht duften, geben auch kein Aroma an den Zucker ab. Am besten nur die Blütenblätter pflücken – der Rest bleibt für die Insekten. Beim Abzupfen auf die Finger aufpassen, da sich in den Blüten Bienen tummeln könnten. Wenn Sie für den Blütenzucker Freilandrosen vom Markt verwenden, sollten Sie den Händler vorher fragen, ob es sich um ungespritzte Blumen handelt.

Den Sommer mit Blütenzucker einfangen

Blütenzucker können Sie aus vielen Blumensorten herstellen.
Es gibt Blüten, die essbar sind, die aber mit Zucker nicht besonders harmonieren. Dazu zählt die Kapuzinerkresse, die eher herzhaft und würzig schmeckt. Wichtig ist es, dass Sie Ihren Blütenzucker fest verschließen und dunkel lagern. Nur so bleiben Aroma und Farbe gut erhalten. Mit einem kleinen Vorrat hat man immer ein hübsches Geschenk zur Hand und kann jetzt schon etwas Selbstgemachtes für Weihnachten vorproduzieren.
Damit Sie über die hausgemachten Konserven den Überblick behalten, alle Gläser mit Datum versehen und genau beschreiben, was drinsteckt und wozu man das Eingemachte verwenden kann. Blütenzucker passt zum Beispiel zu Obstsalat, Eis, Joghurt und Cremedesserts. Er ist auch schön als Tortendeko oder als Zuckerkruste am Glasrand und kann aromatischer Bestandteil eines Cocktails sein. Die Beschenkten werden nähere Infos zu schätzen wissen, da Undefinierbares immer irgendwann in der Tonne landet.

Zucker ist ein Gewürz

Auch wenn Zucker mit natürlichen Stoffen verfeinert wird, sollte Süßes immer nur sparsam eingesetzt werden. Besser beim Backen und in der Dessertküche auf hochwertige Zutaten zurückgreifen. Echte Vanille, Zimt, Zitronen- oder Orangenschale, Butter, frische Sahne, Eier, reifes Obst, eine hochwertige Schokolade oder auch Vollkornmehl tragen dazu bei, dass wir mit weniger Zucker auskommen. Oft reicht es, wenn Sie geschlagene Sahne gar nicht zuckern, sondern später etwas Blütenzucker als Topping über das Sahnehäubchen streuen. Das sieht toll aus, schmeckt gut und spart Kalorien.

Blütenzucker

Zutaten für 3-4 Gläser á 150 ml

Rosenblütenzucker
250 g Zucker
1 Bio-Zitrone
1 Handvoll Rosenblätter

Lavendelzucker
250 g Zucker
1 Bio-Zitrone
20 Lavendelblüten

Kamillenblütenzucker
250 g Zucker
1 Bio-Zitrone
1 Handvoll Kamillenblüten

Holunderblütenzucker
250 g Zucker
1 Bio-Zitrone
10 Holunderblüten

Zubereitung

Die Rosenblätter abzupfen und mit dem Zucker zusammen in einen Mixer geben und zerkleinern. Der Zucker nimmt beim Zermahlen die Farbe der Rosen an. Den Blütenzucker auf einem Blech ausbreiten und mit etwas Zitronenschale verfeinern. Alles in der Sonne oder im Backofen bei 100°C Ober-/ Unterhitze circa 30 Minuten trocknen lassen. Ist der Zucker fest, gebe ich ihn in einen Plastikbeutel. Die Luft herausdrücken und die Tüte mit einem Clip verschließen. Damit Blütenzucker rieselfähig wird, rolle ich mit einem Nudelholz kurz über den Beutel. Den Blütenzucker in Gläser abfüllen und mit einem Schraubdeckel verschließen.

Holunderblütenlikör

Selber einen Likör herzustellen, ist nicht schwer. Ich pflücke Anfang Juni im Garten Holunderblüten und lege sie in eine Zuckerlösung ein. Dafür kaufe ich vorher auf dem Markt einige unbehandelte Zitronen. Bio-Ware ist wichtig, weil hier nicht nur der Saft, sondern auch die Schale im Liköransatz mitzieht. Beim Alkohol, der den Sirup zum Likör macht, bleibe ich gern in der Region. Statt mit Gin oder Wodka gieße ich mit Doppelkorn auf.

Ullas Küchentipps

Wer keinen Alkohol trinkt oder für Kinder einen Sirup herstellen möchte, lässt den Doppelkorn ganz weg. Im Grunde nimmt man immer fast zu gleichen Teilen Wasser und Zucker und kocht beides auf. Die Blüten mit Zitronen in die Zuckerlösung einlegen und ziehen lassen. Pur ist der Sirup sehr süß. Als alkoholfreies Erfrischungsgetränk füllt man ihn später mit Sprudelwasser auf.

Es gibt auch Methoden, wo dem Holunderblütensirup weniger Zucker zugefügt wird. Zitronensäure oder Vitamin-C-Tabletten sorgen dann für Haltbarkeit. Bei Ernährungsexperten ist Zitronensäure umstritten. Das chemische Produkt steckt in vielen Limonaden. Wer selbst Sirup ansetzt, sollte drauf verzichten.

Auch Zucker kann man austauschen. Brauner Rohrohrzucker gibt eine leichte Karamellnote. Leider wird so die schöne grüne Farbe des Likörs leicht braun. Auch Vanilleschoten und Bio-Orangen passen in den Ansatz. Letztlich entsteht mit etwas Herumprobieren der Likör, der einem am besten schmeckt.

Beim Sammeln drauf achten, dass die Blüten voll aufgegangen und trocken sind. Der feine gelbe Blütenstaub sorgt für die tolle Farbe. Holunder, der an vielbefahrenen Straßen wächst, besser meiden. Blüten, in denen sich Läuse eingenistet haben, erst gar nicht pflücken.

Holunderblütenlikör- oder Sirup hält sich – kühl und dunkel gelagert – mehrere Monate frisch. Wichtig: Immer auf saubere Flaschen, Verschlüsse, Siebe und Trichter achten.

Holunderblütenlikör

Zutaten für 3 Flaschen à 0,25 l

500 ml Wasser
400 g Zucker
8-10 Holunderblüten
2 Bio-Zitronen
300 ml Doppelkorn

Zubereitung

Das Wasser in einen Topf geben und mit dem Zucker verrühren. Die Zuckerlösung kurz aufkochen und dann vollständig abkühlen lassen.

Die Zitronen abwaschen und in Scheiben schneiden. Die Holunderblüten mit einer Schere Blüte für Blüte abschneiden. Es sollte möglichst wenig Stängel mit in den Ansatz kommen. Im Wechsel Zitronenscheiben und Holunderblüten in ein großes Einmachglas schichten. Mit der abgekühlten Zuckerlösung begießen.

Soll kein alkoholfreier Sirup übrig bleiben, kann man jetzt auch schon den Doppelkorn einfüllen. Das Einmachglas mit einem Deckel versehen und an einem kühlen Ort zwei Tage stehen lassen. Zwischendurch mit einem sauberen Löffel einmal umrühren.

Hat der Sud genug gezogen, wird der Ansatz durch ein Sieb geschüttet und in Flaschen abgefüllt und verschlossen. Die Flaschen mit Etiketten bekleben, die den Inhalt beschreiben und das Herstellungsdatum anzeigen. Das ist besonders dann sinnvoll, wenn der Holunderblütenlikör als selbstgemachtes Geschenk mitgebracht wird.

Anrichten
Der Likör schmeckt pur oder lässt sich mit Sekt aufgießen.
Ich verwende ihn gern zum Tortenbacken, um eine Creme oder einen gebackenen Biskuit zu aromatisieren.

Herbst

Der Obsthändler hat endlich wieder alle meine Lieblingsapfelsorten im Angebot und ich finde kleine Birnen zum Einlegen. Im Garten sind die Pflaumen und die Äpfel reif. Auf der Streuobstwiese meiner Freunde werden Äpfel aufgelesen und zu Saft gepresst. Ich liebe solche gemeinsamen Ernte-Aktionen im Herbst. Dazu zählt auch das Sauerkrautstampfen, zu dem sich Landfrauenverbände oder Slow-Food-Mitglieder alljährlich in ländlichen Gegenden treffen. Seinen Apfelsaft selbst herzustellen oder Kraut einzulegen macht Spaß und verbindet Jung und Alt. Passend zur Jahreszeit wird sich nach getaner Arbeit mit Kartoffelsuppe und Apfelkuchen gestärkt.

Jetzt, wenn es kühler wird, hat man auch wieder Lust auf etwas Deftiges. Aus meinem Holzbackofen duftet es nach Kürbis oder Maronen und auf dem Herd bereite ich ein Ochsenschwanzragout zu. Ich backe Zwiebelstrudel, denn das warme Gebäck harmoniert wunderbar mit einem kühlen Glas Federweißer.

Birchermüsli

Das, was vielfach auf Frühstücksbuffets als Birchermüsli angeboten wird, hat mit dem Originalrezept des Schweizer Kurarztes, Professor Dr. Bircher-Benner, wenig zu tun. Ein Birchermüsli sollte nicht lange herumstehen, sondern immer unmittelbar vor dem Verzehr zubereitet werden. Nur so schmeckt es lecker, sieht gut aus und die Vitamine bleiben erhalten. Es ist auch nicht nur eine typische Frühstücksspeise. Das Müsli nach Bircher-Benner kann auch zum Abendessen gereicht werden. Wichtig ist nur, dass die Frischkost zu Beginn einer Mahlzeit verzehrt wird, sagen die Anhänger dieser Ernährungslehre.

Ullas Küchentipps

Das Müsli ist eine Frischkost aus saisonalen Obstsorten

Viele Menschen verwechseln das Birchermüsli mit einer Getreidespeise. Im Original liegt, egal welches Obst zum Einsatz kommt, der Schwerpunkt immer auf den Früchten. Das heißt: Auf 200 g Äpfel, Birnen, Pflaumen oder zum Beispiel Beeren kommt pro Portion immer nur 1 EL Haferflocken. Hafer ist für mich echtes Superfood aus der Region. Kaum ein anderes Getreide enthält so viele Nährstoffe, die sich auf unsere Gesundheit so positiv auswirken. Noch besser ist es, wenn man den Hafer als ganzes Korn kauft und vorher frisch in einer Flockenpresse quetscht.

Warum Kondensmilch?

Man mag sich über die gezuckerte Kondensmilch im Originalrezept, die Professor Bircher-Benner von einer Sennerin bei einer Bergwanderung übernommen hat, etwas wundern. Dennoch gibt und gab es für gezuckerte Kondensmilch gute Gründe. Die Zugabe von Frischmilch und Zitrone harmoniert hier nicht, da Milch mit Zitronensaft gerinnt. Zudem waren frische Milchprodukte in früheren Zeiten heikle Lebensmittel. Durch Frischmilch konnte damals Tuberkulose übertragen werden. Als Zutat war frische Milch für eine Kurklinik deshalb keine Option.

Kulinarisch betrachtet ist die gezuckerte Kondensmilch, die um 1825 in Frankreich erfunden wurde, auch heute noch lecker im Müsli. Eingeweichtes Getreide und Kondensmilch ergeben eine wunderbar cremige Konsistenz. Die kann man heutzutage auch mit Sahne und Joghurt erreichen, da beide nicht mit Zitronensaft gerinnen. Wer nichts Tierisches mag, verwendet Hafercreme aus dem Naturkosthandel.

Bircher-Apfel-Müsli

Zutaten für 4 Portionen

4 EL Haferflocken (fein)
12 EL Wasser, kalt
4 EL Zitronensaft
4 EL Kondensmilch, gezuckert (32 % Fett)
800 g Äpfel

Außerdem
100 g Mandeln oder Haselnüsse

Zubereitung

Haferflocken in kaltem Wasser circa 1 Stunde einweichen lassen.
Die Nüsse hacken, in eine Schüssel füllen und zur Seite stellen.
Äpfel waschen und mit Schale auf einer Reibe grob raffeln.
Den Zitronensaft auspressen und über die Äpfel gießen. Durch das Vitamin C in der Zitrone kann sich das Obst nicht braun verfärben.
Die eingeweichten Haferflocken mit Kondensmilch verrühren und wie eine Salatsauce über die Äpfel geben. Mit zwei Löffeln alles gut mischen und locker in Portionsschalen füllen. Mit Nüssen bestreuen und sofort servieren.

Kartoffelbrötchen

Sein eigenes Brot zu backen, ist gar nicht so kompliziert. Ich arbeite mit frischer Hefe und verfeinere meine Kartoffelbrötchen mit Schabziger Klee, einem Brotgewürz, das Sie auf dem Markt beim Gewürzhändler bekommen. Schabziger Klee wird in Süddeutschland, in Österreich und in der Schweiz als Gewürz in Käse und Brot gemischt und sorgt für kräftige Aromen.

Ullas Küchentipps

Auf die Kartoffelsorte achten

Für die Kartoffelzugabe am besten eine mehligkochende Sorte verwenden. Da man nie genau weiß, wie viel Kartoffelschale vorher weggeschnitten wird und wie viel Kartoffelbrei in der Kartoffelpresse hängen bleibt, wiegt man die Masse am besten erst nach dem Durchdrücken ab.

Hefe ist hitzeempfindlich

Hefe darf nur in lauwarmem Wasser aufgelöst werden. Durch etwas Zucker kommt sie in Fahrt. Teig, der über Nacht im Kühlschrank geht, wird noch aromatischer. Statt Olivenöl kann man auch flüssige Butter verwenden.

Kartoffelbrötchen

Zutaten für 8-10 Brötchen

400 g Dinkelmehl, Type 630
200 g Roggenmehl, Type 1150
350 g gekochte Kartoffeln
1 TL Salz
2 TL Schabziger Klee
350 ml Wasser
1 Prise Zucker
20 g frische Hefe
50 ml Olivenöl oder Rapsöl

Außerdem
Roggenmehl zum Formen
Olivenöl zum Einpinseln

Zubereitung

Lauwarmes Wasser (max. 40°C), Hefe und Zucker sorgfältig verrühren. In eine passende Schüssel die beiden Mehle geben und mit Salz und Schabziger Klee vermischen. In der Mitte der Schüssel eine Kuhle ausheben, die Hefemilch angießen und mit etwas Mehl vom Rand verrühren. Dann mit Mehl bestäuben und mit einem Küchenhandtuch bedecken.
Bei Raumtemperatur – circa 30 Minuten – gehen lassen.

Die gekochten Kartoffeln durch eine Presse drücken und mit 6 EL Olivenöl zum Teigansatz geben. Alle Zutaten in einer Küchenmaschine zunächst 3-4 Minuten langsam ankneten und 3-4 Minuten kräftig weiterkneten. Dann in eine passende Schüssel füllen und mit Klarsichtfolie bedecken. Bei Raumtemperatur circa 2 Stunden gehen lassen oder über Nacht 12-14 Stunden in den Kühlschrank stellen.

Die Arbeitsfläche mit Mehl bestäuben, den Teig noch einmal gut kneten. Dann mit einer Teigkarte gleich große Stücke abstechen und zu runden Brötchen formen. Die Brötchen auf ein Backblech geben, das vorher mit Backpapier ausgelegt wurde. Die Brötchen mit einem Messer sternförmig einritzen und abermals 30 Minuten gehen lassen.

Den Backofen auf 250°C Umluft vorheizen und auf den Boden eine flache Schale mit etwas Wasser stellen. Das Brot auf der untersten Schiene die ersten 10 Minuten bei 250°C Umluft backen. Dann die Wasserschale herausnehmen und bei 200°C Ober-/Unterhitze weitere 10 Minuten im Ofen fertigstellen. Die Gesamtbackzeit beträgt circa 20 Minuten.

Wenn die Kartoffelbrötchen aus dem Ofen kommen, werden sie mit Öl eingepinselt. Das sorgt für Glanz und ein schönes Aroma.

Selbstgemachte Gemüsebrühe

Wenn es in der Küche um Brühe geht, wird für eine klassische Geflügel-Consommé viel Aufwand betrieben. Bei der vegetarischen Variante bekommt dagegen oft der Brühwürfel seinen großen Auftritt. Schon besser – aber selten delikat – sind Gemüseschalen, die als Resteverwertung tüchtig ausgekocht werden, bis sich schließlich alle Bitterstoffe in der Flüssigkeit gelöst haben.

Ich gebe das in den Kochtopf, was der Wochenmarkt an Wurzelgemüse so anbietet. Es wird alles geputzt oder geschält. Karotten, Lauch, Pastinaken, Petersilienwurzeln und Co. köcheln sanft vor sich hin und verleihen meiner Brühe ein feines Aroma. Selbstgemachte Brühe ist hervorragend, wenn Sie fasten oder die Waage ein paar Kilo zu viel anzeigt.

Ullas Küchentipps

Brühe ist eine Mineralstoffquelle

Fastenbrühen sind beliebt, weil sie den Körper mit Mineralstoffen und Vitaminen versorgen sowie das Hungergefühl eindämmen. Dafür die heiße Suppe einmal am Tag mit einem Löffel langsam genießen.

Selbstgekocht schmeckt besser

Auch wenn man nicht fastet, ist eine selbst gekochte Brühe immer dem Fertig-Brühwürfel vorzuziehen. Brühwürfel enthalten Hefeextrakt, der wie ein Geschmacksverstärker wirkt. Besser sind frische Gemüse, deren Aroma durch getrocknete Pilze und getrocknete Tomaten verstärkt wird. Liebstöckel ist ein wunderbar rundes Suppengewürz, das im Volksmund auch Maggikraut heißt. Die geröstete Zwiebel verleiht der Brühe eine intensive Farbe und einige pikante Röstnoten. Peperoni sorgt für Schärfe und unterdrückt das Hungergefühl. Den gleichen Effekt bewirkt ein Stück Ingwer.

Vorräte richtig aufbewahren

Die gekochte Brühe fülle ich in kleinere Einheiten ab und stelle sie entweder kalt oder friere sie ein. Aus dem Kühlschrank immer die Menge entnehmen, die benötigt wird. Die Brühe bleibt bis zu einer Woche haltbar.

Aus Suppengemüse Sellerieschnitzel braten

Den gekochten Sellerie aus der Brühe in dünne Scheiben teilen und in einer Ei-Parmesanhülle in Öl ausbraten. Diese Gemüseschnitzel schmecken ohne alles oder passen zu Reis und Tomatensauce.

Selbstgemachte Gemüsebrühe

Zutaten für ca. 3 l Brühe

300 g Karotten
150 g Petersilienwurzeln
200 g Pastinaken
300 g Sellerie
1 kleine Lauchstange
1 Zwiebel
1 Knoblauchzehe
10 g getrocknete Pilze
40 g getrocknete Tomaten
2 Lorbeerblätter
1 EL Liebstöckel
1 getrocknete Peperoni
Salz

Außerdem
100 g Rote Bete
Frische Petersilie oder Schnittlauch

Zubereitung

Alle Wurzelgemüse putzen und schälen. Den Lauch der Länge nach bis fast zur Wurzel aufschneiden und gründlich waschen. So behandeln, dass kein Sand zwischen den Blättern sitzt. Dann die Wurzeln entfernen und alle Gemüse im Ganzen in einen passenden hohen Kochtopf geben. Die Zwiebel mit Schale halbieren und die Schnittflächen in einer mit Öl ausgepinselten Pfanne dunkel anrösten. Den Knoblauch pellen und halbieren. Beide Zutaten in den Topf geben. Mit getrockneten Pilzen, getrockneten Tomaten, Liebstöckel, ganzer Peperoni und etwas Salz würzen.

Im Wasserkocher circa 3 Liter Wasser erhitzen und den Suppenkessel so auffüllen, dass alle Gemüse gut bedeckt sind. Die Brühe 30 Minuten sanft kochen lassen. Hitze abstellen und die Brühe stehen lassen, bis sie abgekühlt ist. Dann durch ein Sieb gießen. Die Gemüse aussortieren und als Suppeneinlage oder anderweitig verwerten.

Rote Bete schälen und in hauchdünne Streifen hobeln und als Brüheneinlage verwenden. Als weitere Verfeinerung bieten sich frische Kräuter – wie gehackte Petersilie oder Schnittlauchröllchen – an.

Ziegenkäse im Bratapfel auf Rotkohlsalat

Äpfel, Ziegenkäse und Rotkohl sind drei Hauptdarsteller, die bestens miteinander harmonieren. Nach französischer Art würze ich den Käse mit frischem Thymian, Honig und gerösteten Walnüssen. Der herbe Radicchio-Salat steht in feinem Kontrast zur fruchtigen Komponente der Bratäpfel. Dieses herbstliche Gericht ist schnell gemacht und passt als Vorspeise oder als leichte Hauptmahlzeit. In dem Fall sollten Sie die Portionen allerdings verdoppeln.

Ullas Küchentipps

Kohl besser verträglich machen

Rotkohl sollten Sie immer ganz fein hobeln und etwas anstampfen, dadurch wird die Zellstruktur geöffnet. Andernfalls müssten wir sehr gut kauen, da bei Rohkost das Erschließen der Nahrung schon im Mund beginnt. Schlucken wir zu große Stücke herunter, beschweren sich später Magen und Darm, weil sie die Arbeit übernehmen müssen.

Radicchio enthält Bitterstoffe

Beim leicht bitteren Radicchio-Salat immer den inneren Strunk keilförmig wegschneiden. Die Blätter erst kurz vor dem Anrichten unterheben, dann bleiben sie schön knackig.

Handwerklich erzeugter Käse

Am gut sortierten Käsestand auf dem Wochenmarkt gibt es mittlerweile auch Ziegenkäse, der aus der Region stammt. Zwischen Ziegenkäse und Ziegenkäse gibt es große Unterschiede. Sortenreiner Ziegenkäse hat seinen Preis. Massenware aus dem Supermarkt wird meist mit preiswerter Kuhmilch gestreckt. Handwerklich erzeugter Käse schmeckt einfach besser.

Ziegenkäse im Bratapfel auf Rotkohlsalat

Zutaten für 4 Portionen

Gefüllte Äpfel
4 säuerliche Äpfel
½ Zitrone
ca. 200 g Ziegenfrischkäse
100 g Walnüsse
1 TL Butterfett
2 TL Honig
Frische Thymianzweige
8 Scheiben Frühstücksspeck
Butter zum Einpinseln
Salz
Pfeffer aus der Mühle

Rotkohlsalat
600 g Rotkohl
1 Zwiebel
1 kleiner Radicchio-Salat
1 TL Zucker
½ TL Zimt
2-3 EL Apfelessig
5-6 EL Sonnenblumenöl
Salz
Pfeffer

Außerdem
1-2 Brötchen vom Vortag

Zubereitung

Das obere Viertel der Äpfel abschneiden und zur Seite legen. Mit einem Kugelausstecher die Äpfel so aushöhlen, dass genug Platz für die Käsefüllung entsteht. Alle Apfelstücke mit Zitronensaft beträufeln, damit die Schnittstellen nicht braun werden.

Die Walnüsse in einer Pfanne in Butterfett golden rösten und mit Honig karamellisieren. Zur Seite stellen, abkühlen lassen und grob hacken. Den Ziegenkäse in eine Schüssel geben, dann mit Walnussstückchen und gehacktem Thymian vermischen und mit Salz und Pfeffer würzen. Die Masse in die Äpfel füllen und jedes Exemplar mit Frühstücksspeck umwickeln. Die oberen abgeschnittenen Apfelstücke buttern und als Deckel auflegen. Die gefüllten Äpfel in den Mulden einer Muffinform im vorgeheizten Backofen bei 180°C Umluft circa 15 Minuten backen.

Das Brötchen in kleine Würfel schneiden und auf einem Blech ausbreiten. Mit den Bratäpfeln so lange in den Backofen geben, bis die Brotwürfel hellbraun und knusprig aussehen. Eventuell zum Schluss etwas buttern.

Den Rotkohl und die Zwiebel in feine Streifen schneiden, salzen und mit einem Holzstampfer etwas zerdrücken. Mit Zimt und Zucker bestreuen, pfeffern und mit Essig und Öl vermischen. Den Salat in eine Schüssel füllen und mit gezupften Radicchioblättern vermischen.

Anrichten
Je einen Bratapfel auf eine Portion Rotkohlsalat setzen und mit gerösteten Brotwürfeln bestreuen.

Miesmuscheln

Viele Leute mögen gern Muscheln, trauen sich aber nicht, die Meerestiere daheim zuzubereiten. Dabei ist das so einfach. Sie benötigen nicht einmal einen speziellen Topf dafür, ein Gänsebräter mit Deckel reicht aus. So kann man gleich eine größere Menge auf einmal garen. Auch wenn die heutige Kühltechnik den Verzehr von Schalentieren ganzjährig ermöglicht, Miesmuscheln haben in den Monaten mit „R" Saison. Dann sind die nährstoffreichen Exemplare richtig groß und schmecken am besten.

Ullas Küchentipps

Muschelkochen ganz einfach

Damit sich die Schalen optimal öffnen können, sollte der Topf für die Muschelmenge groß genug sein. Sonst besser zwei Töpfe aufsetzen. Profis schwenken den Muscheltopf bei geschlossenem Deckel. Wenn Sie jedoch mit einer großen Lochkelle alle Muscheln zwischendurch einmal vorsichtig umheben, gelingt das Wenden auch, ohne dass man einzelne Muscheln zerstört. Bei zu langer Garzeit werden die Meeresfrüchte schnell trocken und zäh.

Pastasauce kochen

Übriggebliebenen Muschelsud nicht wegschütten. Man kann ihn durch ein Sieb gießen und den Fond einfrieren. Aus dem Muschelsud lässt sich später mit Butter und Mehl eine cremige Sauce kochen. Die kann man mit Kräutern, Krabben oder ausgelösten, gekochten Muscheln vermischen und irgendwann als Pastasauce reichen.

Familienfreundlich

Muscheln polarisieren – entweder man liebt sie oder man mag sie gar nicht. Wer Miesmuscheln wie in Belgien und den Niederlanden mit Pommes auftischt, hat die Chance, dass Kinder, die oft keine Muscheln mögen, vielleicht irgendwann doch die leckeren Meerestiere probieren.

Ullas Muschel-ABC

Miesmuscheln sind kalorienarm und enthalten reichlich Eiweiß. Sie liefern Vitamin B1 und B12, Jod, Phosphor, Eisen und Zink.

Bei vakuumierter Ware unbedingt auf das Haltbarkeitsdatum achten und die Kühlkette immer einhalten.

Vor der Zubereitung gründlich waschen und bürsten. Wenn Miesmuscheln besonders sandig sind, in kaltes Wasser legen, 1 EL Salz zufügen und 10 Minuten ziehen lassen, dann abspülen.

Leicht geöffnete Exemplare gegen die Tischplatte klopfen. Schließt sich die Muschel nicht, ist sie tot und kommt in den Abfall. Muscheln mit defekter Schale müssen auch weg.

Gekochte Muscheln, die geschlossen bleiben, nicht mit Gewalt öffnen und verzehren. Sie sind verdorben.

Bleiben gekochte Muscheln übrig: Schale entfernen und im Sud im Kühlschrank 1-2 Tage aufbewahren.
Im Sud kann man gekochte Muscheln bis zu drei Monate einfrieren.

Miesmuscheln auf rheinische Art

Zutaten für 4 Portionen

2 kg Miesmuscheln
100 g Butter
½ l Weißwein
2 Karotten
1 kleine Stange Lauch
100 g Sellerie
1 Zwiebel
2 Knoblauchzehen
2 Lorbeerblätter
10 Wacholderbeeren
Salz
Schwarzer Pfeffer aus der Mühle

Außerdem
Schwarzbrotscheiben
Butter zum Bestreichen

Zubereitung

Alle Gemüse putzen, schälen und die Lauchstange waschen. Karotten und Sellerie in feine Würfel und die Zwiebel in dünne Ringe schneiden. Die Lauchstange in feine Streifen teilen. Den Knoblauch fein würfeln.

In einen großen Topf – am besten ein ovaler Gänsebräter – den Wein hineingeben. Mit Salz, Lorbeerblättern, Pfeffer und Wacholderbeeren würzen. Alle Gemüsestücke hineingeben und 10 Minuten köcheln lassen.

Währenddessen die Muscheln waschen. Geöffnete Exemplare aussortieren und wegwerfen. Die Muscheln in den heißen Sud geben und mit geschlossenem Deckel circa 10 Minuten garen. Zwischendurch mit einer Lochkelle die Muscheln einmal umheben. Haben sich die Schalen geöffnet, ist das Gericht fertig. Muscheln, die nach dem Kochen geschlossen bleiben, dürfen nicht gegessen werden.

Anrichten
Mit einer großen Lochkelle die Muscheln in einen Suppenteller geben und etwas Sud angießen. Dazu schmecken Schwarzbrot mit Butter, Pommes mit Mayonnaise oder Baguette. Für die leeren Muschelschalen eine Schüssel bereitstellen. Im Rheinland isst man dazu gebuttertes Schwarzbrot.

Kürbis

Im Herbst und Winter sollten Sie immer einen Kürbis im Haus haben. Das Gemüse ist dankbar, da es sich lange hält und, mit wenigen Zutaten kombiniert, zur leckeren Mahlzeit wird. Hokkaido-Kürbis lässt sich sogar mit Schale verarbeiten, man muss diese Sorte nur waschen. Der Rest geht wie von selbst: Den Kürbis in Spalten teilen, entkernen, in den Gewürzschrank greifen, ein bisschen Öl zugeben und die Stücke im Backofen garen. Dazu passt ein Joghurt-Dip.

Ullas Küchentipps

Kürbisschneiden
Zum Kürbisschneiden ein stabiles Kochmesser verwenden. So lässt sich die harte Frucht besser teilen. Backofenkürbisstücke sind ein schnelles und preiswertes Partygericht, das sich prima vorbereiten lässt. Das Gemüse kann, wenn die Spalten schon mariniert sind, auch erst in den Ofen geschoben werden, wenn die Gäste eintreffen. Bleiben Reste, isst man sie kalt oder verlängert die Kürbisspalten mit Kokosmilch und kocht eine pürierte Suppe.

Gebackene Kürbisspalten mit Curry und Ingwer

Zutaten für 4 Portionen

Backofenkürbis
1 Hokkaido-Kürbis (ca. 1 kg)
2 Knoblauchzehen
ca. 100 ml Olivenöl
2 EL Curry (mild)
1 TL Paprikapulver (edelsüß)
1 Stück Ingwer
Salz
Pfeffer

Joghurt-Dip
2 Frühlingszwiebeln
200 g griechischer Joghurt (10 % Fett)
½ Bio-Zitrone oder Limette
Salz
Pfeffer

Außerdem
50 g Kürbiskerne
Kürbiskernöl zum Beträufeln
Rucola oder Radicchio zum Garnieren

Zubereitung

Den Kürbis gut abbürsten, waschen und halbieren. Das Kerngehäuse sauber aushöhlen und das Gemüse in Spalten schneiden. Die Ingwerschale mit einem Löffel abkratzen, dann die Knolle fein hacken. Den Knoblauch schälen und in Würfelchen teilen.

Für die Marinade das Olivenöl in eine große Schüssel füllen. Mit Curry, Paprika, Ingwer- und Knoblauchstückchen, Salz und Pfeffer würzen und alle Zutaten gut verrühren.

Ein Backblech mit Backpapier auslegen. Die Kürbisspalten in der Marinade wenden und auf dem Backblech ausbreiten. Im vorgeheizten Backofen bei 180°C Ober-/Unterhitze circa 30 Minuten garen. Das Gemüse sollte gar, aber trotzdem noch bissfest sein.

Währenddessen für den Joghurt-Dip die Frühlingszwiebeln in dünne Röllchen teilen. Den Joghurt mit Salz, Pfeffer, Zitronenabrieb und etwas Zitronensaft verfeinern. Einen Teil der Zwiebeln unterrühren und den Dip in eine Schale umfüllen. Mit dem restlichen Grün den Joghurt garnieren.

Im Backofen oder in einer Pfanne die Kürbiskerne leicht anrösten.

Anrichten
Kürbisspalten auf Tellern verteilen und mit Kürbiskernen und etwas Kürbiskernöl beträufeln. Mit Joghurt-Dip und Rucola oder Radicchio verfeinern.

Zwiebelstrudel auf Sauerrahm-Senfsauce

Schon die alten Seefahrer nahmen als Reiseproviant Zwiebeln mit, da sie sich gut lagern lassen. Zwiebeln waren früher ein natürliches Mittel gegen Skorbut, weil sie reichlich Vitamin C enthalten. Auch heute noch zählt die Zwiebel zu einer der gesündesten Lebensmittel. Aber das heimische Superfood hat auch kulinarisch viel zu bieten. Ich denke da an köstliche Pariser Zwiebelsuppe oder an ein herzhaftes Stück Zwiebelkuchen aus frischgebackenem Hefeteig. Kein Fond, keine Bratensauce kommt ohne Zwiebeln aus. Sie spielen mit ihrer Würzkraft eine wichtige Nebenrolle, weil sie fast immer zu einem aromatischen Gesamtgeschmack beitragen. In meinem Rezept bekommt die Zwiebel aber eine Hauptrolle. Ich backe einen Zwiebelstrudel, der im Herbst toll zu einem Glas Federweißen schmeckt.

Ullas Küchentipps

Wenn etwas übrig bleibt

Zwiebelstrudelreste kann man am nächsten Tag in die Brotdose packen. Die Mikrowelle eignet sich nicht zum Aufwärmen. Filo- oder Yufka-Teig werden dann ganz weich. Besser kurz im Backofen aufbacken.

Schmeckt auch mit Räucherspeck

Als Käse schmeckt auch griechischer Feta, der dem Strudel eine leicht säuerliche Note verleiht. Muss das Gericht nicht rein vegetarisch bleiben, kann man zusammen mit den Zwiebelringen kleine Räucherspeckwürfel anbraten. Das macht das Gebäck besonders herzhaft und würzig.

Zwiebelstrudel auf Sauerrahm-Senfsauce

Zutaten für 4–6 Portionen

750 g Zwiebeln
½ Paket Strudelteig oder 5 Filoteigblätter
100 g Butterfett
3–4 Thymianzweige
1 Knoblauchzehe
150 g Bergkäse
150 g Mandelblättchen (geröstet und zerkleinert)
½ TL Paprikapulver
Salz
Pfeffer

Kalte Senfsauce
200 g Saure Sahne oder Schmand
50 g Naturjoghurt
1 EL Leinöl
2 EL grobkörniger Senf
Salz
Pfeffer

Außerdem
Frische Blattpetersilie
Herbstliche Blattsalate

Zubereitung

Die Zwiebeln schälen, halbieren und in dünne Ringe schneiden. In einer Pfanne Butterfett erhitzen und das Zwiebelgemüse rundum anbraten. Mit Paprika, Salz, Thymianblättchen und Pfeffer würzen. Alles gut vermischen und dann die gebratenen Zwiebeln auf einem Blech oder in einer flachen Schale ausbreiten und auskühlen lassen.

Den Käse fein reiben und die Knoblauchzehe putzen und fein würfeln. Ein Backblech mit Backpapier auslegen und das erste Strudelblatt auflegen. Den Teig gleichmäßig mit warmem Butterfett einstreichen und nach und nach alle Strudelstücke aufeinander legen. Auf die oberste Schicht zunächst Mandelblättchen streuen und darauf die gebratenen Zwiebeln verteilen. Alles mit Käse und Knoblauch bedecken. Die beiden Seitenränder 1–2 cm einschlagen und nun den Strudel aufwickeln. Mit der offenen Seite nach unten legen. Man benötigt so kein Ei zum Kleben. Beim Backen fügt sich der Teig dann von allein zusammen. Alles mit Butter einpinseln und im vorgeheizten Ofen bei 180°C Umluft 35 Minuten backen.

Für die Senfsauce den Sauerrahm mit Senf und Joghurt glatt rühren. Mit Salz und Pfeffer würzen und mit fein geschnittener Petersilie abschmecken.

Anrichten
Auf jeden Teller etwas Sauce füllen und ein bis zwei Stücke Strudel geben. Dann ein kleines Blattsalatbouquet anlegen. Restliche Sauce umfüllen und mit auf den Tisch stellen.

Buntes Gemüse aus dem Ofen zu Polenta mit Haselnuss-Topping

Auch im Februar können Sie sich den Frühling auf den Teller holen. Bunte Wurzelgemüse wie verschiedenfarbige Karotten, Pastinaken, Petersilienwurzeln oder Staudensellerie, lassen sich sehr einfach auf einem Backblech im Backofen garen. Es wird auch nichts weggeworfen. Etwas Karottengrün wird zum Schluss als Dekoration über das Gemüse gestreut und ersetzt die frische Petersilie. Dazu passt eine cremige Polenta mit gerösteten Haselnüssen.

Ullas Küchentipps

Polenta stressfrei kochen

Kochen Sie die Polenta unbedingt mit Milch und nicht mit Wasser. Dann mit reichlich Parmesan verfeinern, den ich sehr fein reibe, damit er sich besser im Gericht verteilt. Manche würzen auch noch mit etwas Knoblauch. Langes Rühren war gestern. Ich nehme Minuten-Polenta, die schneller gart und nicht so schnell anbrennt. Mit dem Drahtgitter-Trick gelingt auch Milchreis gut.

Haselnüsse schälen

Die Haselnuss schmeckt um Längen besser, wenn sie geschält wird. Das lässt sich mit einem Küchenhandtuch machen, wenn man die warmen Nüsse darin abrubbelt. Die besten und teuersten Haselnüsse kommen aus Piemont. Die kleine Supernuss hat ein unvergleichliches Aroma und ist die Nummer Eins in der gehobenen Dessertküche.

Buntes Gemüse aus dem Ofen
zu Polenta mit Haselnuss-Topping

Zutaten für 4 Portionen

Gemüse
½ Bund Möhren mit Grün
250 g lila Möhren
250 g Pastinaken
250 g Staudensellerie
1 Bio-Orange
10 EL Olivenöl
1-2 TL Honig
Salz
Pfeffer

Polenta
250 g Minuten-Polenta
1 l Milch (3,8 % Fett)
100 g Parmesankäse
50 g Butter
Geriebene Muskatnuss
Salz
Pfeffer

Topping
150 g Haselnüsse
1 TL Butterfett

Zubereitung

Die Wurzelgemüse schälen und in Stücke schneiden. Schöne grüne Karottenzweige zur Seite legen. Den Staudensellerie waschen und in 10 cm lange Stücke teilen. Dicke Exemplare einmal halbieren. Alle Gemüse auf ein passendes Backblech legen und mit Orangenschale, Salz und Pfeffer würzen. Den Saft der Orange auspressen und mit Olivenöl und Honig verrühren. Die Marinade über dem Gemüse verteilen und alles mit einem weiteren Blech abdecken. Im vorgeheizten Backofen bei 180°C Ober-/Unterhitze circa 30 Minuten garen. Zwischendurch alle Exemplare einmal umdrehen. Kurz vor Ende der Garzeit die Abdeckung wegnehmen, damit Röstaromen entstehen können.

Für die Polenta die Milch erhitzen und den Maisgrieß langsam einrühren. Mit Salz, Pfeffer und Muskat würzen. Die Herdtemperatur ganz zurückstellen. Damit die Polenta nicht anbrennt, ein Metallgitter zwischen Herdplatte und Topf legen. Ist der Maisgrieß schön gequollen, werden Butter und geriebener Parmesankäse eingerührt.

Für das Topping geschälte Haselnüsse in Butter schwenken und mit Salz bestreuen.

Anrichten
Die Polenta in tiefe Teller geben, das Ofengemüse darauf anrichten. Und die Nüsse drüberstreuen. Mit etwas Möhrengrün verzieren.

Blumenkohl

Der Blumenkohl erfreut sich in Deutschland großer Beliebtheit. Aber gut, dass wir in Sachen Zubereitung von Franzosen und Italienern etwas dazugelernt haben. War es bis in die 70er-Jahre noch üblich, die weißen Röschen bis zur Unkenntlichkeit zu zerkochen, um sie anschließend in einer blubbrigen Mehlschwitze zu ertränken, hat sich mittlerweile herumgesprochen, dass es auch anders geht. Ähnlich wie Brokkoli oder Romanesco bekommt auch unserem guten alten Blumenkohl eine kurze Garzeit. Von Juni bis in den November gibt es Freilandware und im Winter wird Blumenkohl als Lagergemüse angeboten. Ich dünste die Röschen gern in einem Siebeinsatz, damit das Gemüse sein Aroma und seine wertvollen Nährstoffe behält.

Ullas Küchentipps

Bio-Blumenkohl

Menschen mit empfindlichem Magen vertragen Blumenkohl besser als andere Kohlsorten, da Blumenkohl eine feinere Zellstruktur aufweist. Das Gemüse zählt zum heimischen Superfood. Es liefert, frisch geerntet, reichlich Vitamin C, einige B-Vitamine, Mineralstoffe wie Phosphor, Kalium, Kalzium, Magnesium und Eisen sowie Spurenelemente wie Zink, Kupfer, Jod und Fluor. Besser ist Ware, die nicht gespritzt und stark gedüngt wurde. Konventioneller Blumenkohl entwickelt oft einen unangenehmen Geruch beim Kochen. Einen Teil der äußeren grünen Blätter kann man mitkochen. Sie geben an das Kochwasser, das später für die Sauce eingesetzt wird, zusätzlich wertvolle Inhaltsstoffe ab.

So putzt man Blumenkohl richtig

Darauf achten, dass sich im Gemüse keine Schädlinge verstecken. Wer ganz sicher gehen will, legt die Blumenkohlröschen vor dem Kochen 10 Minuten in kaltes Salzwasser. Wenn sich ein Räupchen versteckt hat, finden Sie es jetzt im Wasser.

Blumenkohl mit pikanter Erdnusssauce

Zutaten für 4 Portionen

Blumenkohl
800 g Blumenkohl
400 ml Wasser
2 Lorbeerblätter
½ Zitrone
Salz

Erdnusssauce
2 Schalotten
2 EL Erdnussöl
3–4 EL Erdnussmus
ca. 250 ml Blumenkohlkochwasser
1 TL Sambal Oelek
Salz
Pfeffer

Außerdem
80 g geröstete Erdnüsse
Frische glatte Petersilie

Zubereitung

In einen passenden Topf Wasser füllen und mit Lorbeerblättern, Salz und dem Saft einer halben Zitrone würzen. Den Blumenkohl putzen und die einzelnen Röschen heraustrennen. Das Gemüse in ein Sieb geben und nun auf den Gewürzsud stellen. Bei geschlossenem Deckel circa 15 Minuten bissfest garen. Den Sud abseihen und auffangen, das Gemüse kurz zur Seite stellen.

Für die Sauce die beiden Schalotten schälen und fein würfeln. Erdnussöl in einen Topf geben und die Schalottenwürfel leicht anschwitzen. Das Erdnussmus unterrühren und das Blumenkohlkochwasser nach und nach angießen. Dabei immer wieder rühren, dass keine Klümpchen entstehen. Die Sauce kurz köcheln lassen und mit Salz, Sambal Oelek und Pfeffer abschmecken.

Anrichten
Den Blumenkohl im restlichen Kochwasser kurz erhitzen, abtropfen lassen und auf Teller geben. Mit gerösteten Erdnüssen und Petersilie garnieren.

Ochsenschwanzragout

Bei dem Wort Ochsenschwanz fällt Ihnen wahrscheinlich sofort das Wort Suppe ein. Die ist immer noch beliebt, kommt aber in der Regel aus der Konserve. Schade, denn der Ochsenschwanz ist eines der schmackhaftesten Teile vom Rind und tauglich für ein feines Sonntagsessen. Gut, dass es den Metzgerwagen auf dem Wochenmarkt gibt, hier werden diese Fleischstücke – im Gegensatz zum Supermarkt – immer noch angeboten. „From Nose to Tail" heißt übrigens heute ein Küchentrend, der früher gang und gäbe war. Statt ausschließlich Steak und Filet wird wieder all das aus historischen Kochbüchern zubereitet, was fatalerweise sonst in Wurst und Hundefutter landet.

Ullas Küchentipps

So gelingt ein schmackhaftes Schmorgericht

Mein Marktmetzger hat immer Ochsenschwanz im Programm. Aber möglicherweise reicht die Menge nicht, wenn Sie ein größeres Essen planen. Deshalb besser vorbestellen und gleich die Stücke vom Fachmann vor Ort teilen lassen.

Das Fleisch sollte immer kräftig von allen Seiten angebraten werden. Wenn man viel Fleisch zubereitet, die Ochsenschwänze in mehreren Arbeitsschritten rösten. Kommt alles auf einmal in den Bräter, hat das Fleisch keine richtige Auflage, kühlt ab und fängt an zu köcheln.

Tomatenmark und Röstgemüse sind das A und O eines jeden Schmorgerichts. Sie geben das Aroma an die Sauce. Wer keinen Wein verwenden mag, bedient sich einer selbstgemachten Brühe.

Die Backpflaumen vorher entsteinen oder besser gleich Exemplare ohne Kern kaufen. Wenn sich ein Kern in der dunklen Sauce löst, ist er kaum zu sehen und kann verschluckt werden. Besonders für ältere Menschen oder Kinder sollte ein Sonntags-Familienessen „barrierefrei" sein.

Wie Knödel ihre Form behalten

Knödel gelingen besser, wenn das Wasser nach dem Aufkochen nur noch leicht köchelt. Dann einen Probeknödel abdrehen. Ist er zu weich, rühre ich mehr Grieß, Semmelbrösel oder Weizenmehl unter die Masse. Oft hilft auch noch ein weiteres Eigelb. Zum Abdrehen zwei Esslöffel benutzen oder die Knödel mit nassen Händen formen.

Quarkknödel passen zu vielen Gerichten. Man kann sie gut vorbereiten und sie bleiben im Kühlschrank 1-2 Tage haltbar. Damit beim Aufbewahren nichts zusammenklebt und austrocknet, die Knödel nebeneinanderlegen und mit einem sauberen, angefeuchteten Küchentuch abdecken.

Ochsenschwanzragout mit Printen und Backpflaumen

Zutaten für 4 Portionen

2 kg Ochsenschwanz, in Stücken
150 g Sellerie
2–3 Karotten
4 Zwiebeln
2 Knoblauchzehen
2 Lorbeerblätter
1 EL Tomatenmark
0,75 ml Rotwein, trocken
Salz
Pfeffer
Öl zum Anbraten

Außerdem
8 große Champignons
4 Printen
12 Backpflaumen

Quarkknödel
250 g Schichtkäse
4–5 EL Hartweizengrieß
1 Ei
Salz
1 EL Butter zum Braten

Zubereitung

Für den geschmorten Ochsenschwanz die Backpflaumen in etwas Rotwein einweichen. Die Printen im Küchenmixer fein zermahlen. Zwiebeln, Knoblauch, Karotten und Sellerie schälen, dann alles in grobe Würfel teilen.

Das Fleisch salzen und in einem Bräter von beiden Seiten kräftig anrösten. Die Ochsenschwanzstücke aus dem Topf nehmen, auf einen Teller legen und zur Seite stellen. Die geschnittenen Gemüse in den Bratensatz geben und unter kräftigem Rühren anschwitzen. Eventuell noch etwas Öl zugießen und das Tomatenmark zugeben. Wieder rühren und rösten. Nun mit circa 500 ml Wasser ablöschen, rühren und die Fleischstücke zugeben. Mit Lorbeerblättern, Thymian und Wacholderbeeren würzen. Die Hälfte der Weinmenge angießen und den Deckel auflegen. Im Backofen 2–3 Stunden bei 175°C Ober-/Unterhitze schmoren. Zwischendurch mehrmals umrühren und eventuell Wasser, Brühe oder Wein nachgießen. Das Fleisch ist gar, wenn es sich leicht vom Knochen löst.

Für die Quarkknödel den Schichtkäse in eine Schüssel füllen und mit Grieß, Ei und Salz verrühren. Die Masse 30 Minuten in den Kühlschrank stellen und quellen lassen. In einem passenden Topf reichlich Wasser erhitzen und leicht salzen. Aus der Quarkmasse kleine Knödel abdrehen und ins Wasser geben. Einige Minuten ziehen lassen, mit einer Lochkelle herausnehmen und dann nebeneinander auf ein sauberes Küchenhandtuch legen. Vor dem Servieren in einer Pfanne in Butter aufbraten.

Wenn das Ragout fast fertig ist, die Pilze putzen und den Stiel herausdrehen. Beides in die Sauce geben und garen. Das Fleisch und die Pilze herausnehmen und die Sauce durch ein Sieb in einen Topf passieren. Die Sauce etwas stehen lassen und leicht entfetten. Die Rotwein-Backpflaumen zugeben und noch einmal alles erhitzen. Zum Schluss die Sauce mit gemahlenen Printen leicht abbinden und mit Salz und Pfeffer abschmecken.

Anrichten
Das Fleisch von den Knochen lösen und in der Sauce wieder erwärmen. Einen Champignonkopf und die Ochsenschwanzstückchen in die Mitte des Tellers legen. Rundum mit Backpflaumen und Quarkknödeln garnieren und etwas Sauce angießen.

Rehwild

Welches Fleisch ist mehr „Bio" als Rehwild aus einheimischer Jagd? Um an hochwertiges Fleisch zu kommen, müssen Sie nicht unbedingt bis in die Eifel oder ins Sauerland fahren. Viele Jäger aus der Region beliefern Wild- und Geflügelhändler, die Wildschwein, Hirsch und Co. auf dem Wochenmarkt frisch anbieten. Wer mit Wildzubereitungen wenig Erfahrung hat, liegt mit einem kräftigen Schmorgericht immer richtig. Das Sonntagsessen verfeinere ich noch mit einem fruchtigen Spätburgunder, den man auch, wenn der Wein von guter Qualität ist, später zum Essen trinken kann.

Ullas Küchentipps

Der Metzger kann beraten

Ob ich Wild und Geflügel kaufe oder bei meinem Marktmetzger einen Schweinebraten bestelle, er kennt Herkunft und Haltungsform. Er weiß, wie lange das Entrecote abgehangen hat, das ich am Abend meinen Gästen servieren möchte. Fast wie in einer gläsernen Metzgerei, zerlegt er vor den Augen der Kunden fachgerecht und blitzschnell eine ganze Schweinkeule. Statt langweiliger Industriewurst kommt aus seiner Wurstküche eine wunderbar würzige, zarte Blutwurst. Für mich als Rheinländerin ist das übrigens die beste Flönz, die ich je probiert habe.

Ragouts lassen sich gut vorbereiten

Ein Rehragout ist auch ein schönes Gericht für ein großes Familienfest oder eine Party. Dafür werden die Zutaten einfach nach Personenzahl aufgestockt. Das Fleisch kann problemlos einen Tag vorher gebraten werden, wenn es gut gekühlt aufbewahrt wird.

Welchen Wein dazu trinken?

Wenn ein Gericht Wein enthält, gibt es eine einfache Regel: Die Weinsorte, mit der gekocht wurde, ist die beste Begleitung zu dieser Speise. Zu Huhn in Riesling passt Riesling, zu Rehragout in Spätburgunder passt Spätburgunder. Nur in den Qualitätsabstufungen der gleichen Rebsorte dürfen Sie Unterschiede machen. Ein einfacher Qualitätswein zum Kochen schont den Geldbeutel, die hochwertigere Auslese kommt beim Essen besser zur Geltung.

Rehragout in Spätburgunder

Zutaten für 4 Portionen

1 kg Rehfleisch aus Keule, Schulter oder Bug
1 EL Tomatenmark
etwas Öl oder Butterfett zum Anbraten
½ l Spätburgunder, trocken
½ l Wildfond oder Gemüsebrühe

Röstgemüse
200 g Zwiebeln
2 Karotten
100 g Sellerie
2 Knoblauchzehen

Gewürze
1 EL gehackter frischer Ingwer
7 Wacholderbeeren
3 Thymianzweige
2 Nelken
2 Zimtstangen
2 Lorbeerblätter
1 Prise Kardamom
Geriebene Muskatnuss
Salz
Pfeffer aus der Mühle

Außerdem
Kartoffelstärke zum Abbinden
½ Bund Blattpetersilie
3-4 EL Schmand

Zubereitung

Die Röstgemüse schälen, in grobe Würfel schneiden und die Knoblauchzehen vierteln. Das Fleisch in 2–3 cm große Würfel teilen und in zwei Portionen nacheinander rundherum anbraten. So entstehen schöne Röstaromen, und das Anbraten in mehren Portionen verhindert, dass das Fleisch Flüssigkeit zieht. Die Fleischwürfel zur Seite stellen und nun alle Gemüse im Bratensatz anschwitzen. Tomatenmark zugeben und gut umrühren. Hier aufpassen, die Gemüsewürfel brennen schnell an. Mit Spätburgunder ablöschen und das Fleisch in die Sauce legen. Mit allen Gewürzen verfeinern und fein gehackten Ingwer unterrühren. Bei 180°C Umluft circa 1 Stunde – mit geschlossenem Deckel – schmoren.

Wenn das Fleisch schön weich ist, nehmen Sie den Schmortopf aus dem Ofen und heben alle Stücke mit einer Gabel heraus. Die Sauce durch ein Spitzsieb in einen Topf gießen, kurz ruhen lassen und eventuell entfetten. Die Sauce noch einmal erhitzen und mit wenig Kartoffelstärke abbinden. Das geschmorte Fleisch dazu geben und alles gut umrühren.

Anrichten
Die Petersilie waschen und hacken. Das Ragout auf Tellern oder in einer Schüssel anrichten und mit einem Klecks Schmand und gehackter Petersilie verfeinern. Als Beilagen schmecken Spätzle, Kartoffelklöße oder Serviettenknödel.

Bratapfel à la Himmel und Ääd

Am Marktstand gibt es jetzt Äpfel und Kartoffeln aus der Region. Es ist Zeit für Himmel und Ääd, einen Küchenklassiker aus dem Rheinland, der auch in anderen Regionen unter verschiedenen Namen bekannt ist. Allerdings hat die deftige bürgerliche Küche nicht immer den besten Ruf. Aus Zeit- und Kostenersparnis kommt dann kein frischer Kartoffelbrei, sondern Tütenpüree auf den Teller. Die Konserve mit dem Apfelkompott ist auch nicht weit und die Blutwurst ist ein beliebiges Industrieprodukt. Ich wähle Kartoffeln und Äpfel sorgfältig aus und bei meinem Marktmetzger kann ich nachfragen, welche Zutaten in seiner Flönz stecken. Dieses tolle Regionalgericht muss nicht plump und schwer daherkommen. Beste Zutaten, eine pfiffige Zubereitung und die Portionen von XXL auf M eingedampft, verwandeln den rheinischen Brauhausklassiker in eine Delikatesse.

Ullas Küchentipps

Ohne Fritteuse ausbacken – das sollten Sie beachten

Immer einen hohen Topf verwenden. Niemals mehr als bis zur Topfhälfte Öl einfüllen. Auf hitzestabile Öle oder auf Pflanzenfette zurückgreifen, die sich zum Frittieren eignen. Niemals den Herd auf volle Temperatur stellen.

Mit einem Holzstäbchen prüfen, ob das Fett heiß genug ist. Bilden sich kleine Blasen, wenn man das Stäbchen eintaucht, ist der Frittiertopf startklar.

Immer kleine Mengen ausbacken, damit die Temperatur des Öls nicht zu stark absinkt.

Das Öl lässt sich mehrmals verwenden, wenn nicht zu große Mengen frittiert werden. Am besten, wenn es abgekühlt ist, durch ein Mullläppchen sieben. So werden verbrannte Partikel aufgefangen und das Öl ist wieder sauber.

Wirft Öl nach mehrmaligem Frittieren weiße Blasen, ist sehr dunkel oder riecht verbrannt, ist es verbraucht.

Bratäpfel à la Himmel und Ääd

Zutaten für 4 Portionen

Kartoffelmasse
750 g vorwiegend festkochende Kartoffeln
80 g Butter
1 Eigelb
1 Ei
Muskat
Salz

Bratäpfel
6 kleine Äpfel
1 Zitrone
1 TL Butter

Senfsauce
Apfelstückreste
Zwiebelreste
1 EL körniger Senf
200 g süße Sahne
Frischer Thymian
1 Lorbeerblatt
1 TL Honig
Pfeffer aus der Mühle
Salz
Butterfett

Fleisch
250 g Blutwurst am Stück

Vegetarische Variante
Pro Portion 70 g Walnüsse

Röstzwiebeln
2 mittelgroße Zwiebeln
2 EL Weizenmehl
Paprikapulver
Salz
ca. 300 ml hoch erhitzbares Pflanzenöl

Außerdem
2 Handvoll Frisée- oder Radicchio-Salat zum Anlegen

Zubereitung

Für die gefüllten Äpfel das obere Fünftel als Deckelchen abschneiden. Mit einem Apfelausstecher das Kerngehäuse entfernen und alle Äpfel sorgfältig aushöhlen. Die ausgehöhlten Apfelstücke in eine Schüssel geben. Die Innenseite der Deckelchen und die ausgehöhlten Äpfel mit Zitronensaft beträufeln, damit sich das Obst nicht braun verfärbt. Mit Klarsichtfolie abdecken und zur Seite stellen.

Für die Kartoffelmasse die Kartoffeln schälen, halbieren und in Salzwasser circa 25 Minuten garen. Kochwasser abgießen und das Gemüse auf ein Blech legen und kurz ausdämpfen lassen. Dann die Kartoffelstücke durch eine Presse drücken. Mit Butter und Eiern verrühren und mit Muskat und eventuell Salz abschmecken. Beim Salzen aufpassen, da das Kochwasser schon salzig war.

Die Äpfel in eine passende Form setzen und alle Exemplare innen mit flüssiger Butter ausstreichen. Die Kartoffelmasse in einen Spritzbeutel füllen und die ausgehöhlten Äpfel damit füllen. Apfeldeckelchen seitlich zu den gefüllten Äpfeln legen. Die Auflaufform für circa 35 Minuten bei 180°C Umluft in den vorgeheizten Backofen schieben. In der Zwischenzeit die Blutwurst in dicke Scheiben teilen. Etwa 10 Minuten vor Ende der Backzeit die Blutwurst auf ein kleines Blech legen. Die Oberhitze zuschalten, wenn der Ofen dies ermöglicht, ansonsten auch nur bei Umluft die Flönzstücke im Backofen gratinieren. Für Vegetarier oder die, die keine Blutwurst mögen, Walnüsse in einer Pfanne oder im Backofen rösten.

Für das Topping die beiden Zwiebeln schälen und in dünne Ringe teilen. Zwiebelendstücke, aus denen man keine Ringe mehr schneiden kann, den Apfelstücken beimischen. Die Ringe mit Paprika würzen und dünn in Mehl wenden. Dann in heißem Öl ausbacken. Immer kleine Portionen ins Öl geben und die Zwiebeln nacheinander frittieren. Zum Abtropfen auf eine Lage Küchenpapier legen und salzen.

Für die Sauce die Apfelstücke mit den Zwiebelresten in etwas Butterfett anbraten. Mit wenig Wasser ablöschen und einige Minuten garen. Dann alles durch ein Sieb streichen. Die passierte Masse in einen Topf geben und mit einem Lorbeerblatt und etwas Thymian würzen. Mit Sahne auffüllen und den Senf unterrühren. Zum Schluss mit Salz, Pfeffer und Honig vollenden.

Anrichten
Die Bratäpfelchen aus dem Ofen nehmen und auf ein Kränzchen aus Frisée-Salat setzen. Je nach Wunsch Blutwurstscheiben anlegen oder durch geröstete Walnüsse austauschen. Alle Portionen mit Röstzwiebeln garnieren, Apfeldeckel aufsetzen und die Sauce rundum angießen.

Apfelpastete mit Vanillesahne

Eine Apfelpastete schmeckt so richtig schön fruchtig. Diese Version, die kein Mehl und kaum Fett enthält, ist einer meiner Lieblinge auf der Kaffeetafel. Der Geschmack dieser Pastete steht und fällt mit dem Obst. Ich bevorzuge Äpfel aus der Region und am liebsten alte Apfelsorten. Die zeichnen sich durch Aroma und eine leichte Säure aus. Direkt warm aus dem Ofen serviere ich die Apfelpastete gern als Dessert und verfeinere sie dann mit Vanillesahne.

Ullas Küchentipps

Salbeiblätter
Als ungewöhnliches Topping eignen sich frittierte Salbeiblätter. Dafür einige Blättchen in heißem Erdnussöl kurz ausbacken und auf Küchenkrepp abtropfen lassen. Mit Puderzucker bestreuen und die Apfelpastete mit den knusprigen, süßen Blättern verzieren.

Apfelpastete mit Vanillesahne

Zutaten für 6 Portionen

Pastete
1,5 kg Äpfel (z.B. Renetten, Boskoop, Delbarestivale)
2 Eier
100 g Mandelmehl
250 ml Hafercreme
50 g Schmelzflocken
45 g brauner Zucker
50 g Butter
1 Bio-Zitrone

Vanillesahne
200 ml süße Sahne
1 Päckchen Vanillezucker
½ TL Kurkuma

Außerdem
150 g Mandelblättchen

Zubereitung

Für den Teig die beiden Eier in eine Schüssel geben und mit dem Mandelmehl und den Schmelzflocken verrühren. Hafercreme angießen, etwas zuckern und gut rühren. Den Teig mit abgeriebener Zitronenschale würzen. Zur Seite stellen und circa 10 Minuten quellen lassen.

Die Äpfel mit Schale auf einer Reibe in hauchdünne Scheiben hobeln. Damit das Fruchtfleisch schön hell bleibt, sofort mit etwas Zitronensaft begießen. Eine Kastenform mit Backpapier auskleiden.

Auf dem Boden eine dünne Lage Apfelscheiben ausbreiten und mit Teig bestreichen. So weitermachen, bis alle Äpfel und der Teig verbraucht sind. Die letzte Schicht sollte aus Apfelscheiben bestehen. Zum Schluss mit braunem Zucker bestreuen und Butterflocken aufsetzen. Mit einem Stück Backpapier bedecken und die Form für circa 45 Minuten bei 180°C in den Backofen geben.

Die Mandelblättchen auf einem kleinen Blech ausbreiten und im Backofen einige Minuten leicht rösten.

Vanillezucker und Kurkuma in einen hohen Rührbecher geben. Beides gut vermischen, mit Sahne auffüllen und mit dem Handrührgerät luftig aufschlagen. Dann abdecken und bis zum Anrichten in den Kühlschrank stellen.

Anrichten
Apfelpastete aus der Form heben und entweder kalt oder warm servieren. Dafür die Pastete in Scheiben schneiden, auf Teller geben und mit Vanillesahne verfeinern.

Crema Catalana

Die katalanische Creme ist ein Mittelding zwischen Crème brûlée und Omas gutem alten Vanillepudding. Ich bevorzuge das spanische Dessert, weil es im Gegensatz zur französischen Verwandten etwas leichter ausfällt und sich schnell zubereiten lässt. Im Grunde eben eine Art Pudding, aber doch feiner, weil das Dessert, so wie Crème brûlée, mit einer gebackenen Zuckerkruste unwiderstehlich gut schmeckt. Crema Catalana enthält neben Vanille auch Zimt und wird mit abgeriebener Orangen- und Zitronenschale gewürzt. Die Creme eignet sich gut, um Blätterteig- oder Mürbeteigtörtchen zu füllen, die ich gern als Nachtisch aufs Partybuffet stelle.

Zutaten für 4-6 Portionen

500 ml Milch
100 ml Sahne
1 Bio-Orange
1 Bio-Zitrone
1 Zimtstange
½ Vanilleschote
5 Eigelb
70 g Zucker
2 EL Kartoffelstärke
50 g Rohrohrzucker

Zubereitung

Die Milch und die Sahne in einen Topf füllen. Mit abgeriebener Orangen- und Zitronenschale gut würzen. Die Vanilleschote halbieren. Anschließend auskratzen und mit den leeren Schotenhälften und der Zimtstange in die Milch geben. Alles gut aufkochen und kurz ziehen lassen. Währenddessen die Kartoffelstärke mit etwas Milch verrühren.

In einem weiteren Kochtopf die Eigelbe mit dem Zucker vermischen. Die heiße Gewürzmilch durch ein Sieb zu den Eiern gießen und bei mittlerer Hitze mit dem Schneebesen gut schlagen. Die aufgelöste Kartoffelstärke einrühren und abwarten, bis die Creme bindet. Den Topf vom Herd nehmen, die Masse fast abkühlen lassen und in flache Schalen füllen. Mit wenig Zucker bestreuen, damit sich keine Haut bildet und mit Klarsichtfolie bedecken. Etwa 2-3 Stunden in den Kühlschrank stellen.

Anrichten
Vor dem Servieren jede Portion mit Rohrohrzucker bestreuen und mit einem Gasbrenner oder unter der Oberhitze des Grills flambieren.

Ullas Küchentipps

Manchmal hilft etwas Improvisation

Ob man etwas gemahlenen Anis oder noch andere Gewürze zugibt oder weglässt, hängt vom jeweiligen Rezept und der Region ab. Wie in allen Landesküchen unterscheiden sich die einzelnen Zubereitungen sogar von Familie zu Familie. Eigentlich kommt die Crema in flache Tonschalen und die Zuckerkruste wird mit einem heißen Eisen geschmolzen. Aber wer besitzt bei uns schon so ein original Küchenzubehör? Ein Gasbrenner oder die Oberhitze vom Backofen sind ein guter Ersatz. Ob man Haushaltszucker verwendet, der, wenn er abgekühlt ist, eine sehr harte Kruste bildet oder lieber Rohrohrzucker nimmt, der schöner auf der Oberfläche schmilzt – das ist alles letztlich Gewohnheit und Geschmackssache.

Eingelegte Rotweinbirnen

Eine meiner Lieblingsbirnen ist die englische Sorte Conference, da man sie sehr gut einlegen kann. Das Obst wird ab Mitte September auf dem Wochenmarkt angeboten. Die kleine Birne überzeugt durch ihr saftiges Fruchtfleisch, das ein gutes Gleichgewicht zwischen Süße und Säure hält. Ich lege noch möglichst feste Exemplare in einen Rotweinsud ein, den ich mit zahlreichen schönen Gewürzen verfeinere. Die würzigen Birnchen passen zu deftigen Wildgerichten, zu Käse oder zu einem selbstgemachten Zimteis.

Ullas Küchentipps

Auf Vorrat kochen

Wegen der guten Vorbereitungsmöglichkeit sind eingelegte Birnen ein praktischer Baustein zum nächsten Partybuffet oder ein schönes Fetenmitbringsel. Wenn die eingelegten Birnen alkoholfrei bleiben sollen, kann der Rotwein durch schwarzen Johannisbeer- oder Holundersaft ausgetauscht werden.

Heiße Birnen in einer samtigen Sauce

Den Rotweinsud durch ein Sieb gießen und die Gewürze entfernen. Etwas Sud erhitzen und mit Kartoffelstärke abbinden. Diese kräftige Sauce schmeckt besonders gut zu den heißen Birnchen. Wenn Sie kurz vor dem Servieren etwas davon über die Früchte gießen, bekommen diese einen schönen Glanz. Zur Verzierung stecken Sie an jedes Exemplar ein Lorbeerblatt.

Eingelegte Rotweinbirnen

Zutaten für 6-8 Portionen

1 kg kleine Birnen
0,75 l trockener Rotwein
0,5 l Wasser
1 Bio-Zitrone
2 EL Rohrohrzucker
3 Lorbeerblätter
5 Wacholderbeeren
4 Stück Sternanis
3 Zimtstangen
2 Nelken

Zum Abbinden
1-2 EL Kartoffelstärke

Außerdem
Frische oder getrocknete Lorbeerblätter

Zubereitung

Rotwein und Wasser in einen passenden Topf füllen und mit abgeriebener Zitronenschale würzen. Den Saft auspressen und unterrühren. Das schmeckt schön frisch und sorgt für Säure.

Leicht süß wird es, wenn Sie den Sud mit etwas Rohrohrzucker würzen. Dann Lorbeerblätter, Wacholderbeeren, Sternanis, Nelken und Zimtstangen zugeben.

Die Birnen bleiben ganz und werden nur geschält. Auch der Stiel bleibt dran, das sieht später hübscher aus. Alle Früchte in den Rotweinsud legen und erhitzen. Nach kurzem Aufkochen das Obst von der Herdplatte ziehen und im Topf abkühlen lassen.

Die Birnen in ein Schraubglas füllen und mit dem Sud gut bedecken. Im Kühlschrank bleiben sie einige Tage lang haltbar. Einzelne Exemplare sollten Sie allerdings immer mit einem sauberen Löffel entnehmen.

Winter

Selbst im Winter finde ich auf dem Markt frisches Gemüse aus der Region. Mit Grünkohl, Rosenkohl und Co. sowie allerlei Rübensorten, Endiviensalat, Chicorée und Schwarzwurzeln kommt auf dem Speiseplan keine Langeweile auf.
Jetzt ist die richtige Zeit, etwas mit Zitrusfrüchten zuzubereiten. Da, wo sie herkommen, ist Saison, und sie schmecken so besonders fruchtig und saftig. Die unbehandelte Schale von Orangen und Zitronen verwende ich zum Aromatisieren von Kuchen, Plätzchen und Desserts.

Beim Gemüsestand gibt es frisches Sauerkraut vom Hof und am Fischwagen liegt der Skrei auf Eis. Das ist ein Winterkabeljau, den man auch mit Sauerkraut kombinieren kann. Zu Karneval setze ich auf eine klassische Erbsensuppe. Ein Eintopf lässt sich gut vorbereiten, macht viele hungrige Gäste satt und wärmt wunderbar, wenn man durchgefroren vom Straßenkarneval heimkehrt.

Salat von Belugalinsen zu Lachs, Speck oder Schafskäse

Ein Linsensalat ist ein ideales Familien- oder Gruppenessen, da er mit Fisch, Schinkenspeck oder Käse harmoniert. Wenn mehrere Personen am Tisch sitzen, ist es oft nicht einfach, auf individuelle Ernährungsgewohnheiten einzugehen.

Die berühmte „Extrawurst“ kann dann schon mal tüchtig nerven – die heimische Küche ist schließlich kein Restaurant. Ich bereite gern etwas zu, das später individuell verfeinert werden kann. Mein Linsensalat gilt als vollwertige Mahlzeit und wird selbst ohne Beilage einer veganen oder vegetarischen Ernährung gerecht. Fisch, Speck und Schafskäse kommen kurz in den Backofen und meine Lieben verfeinern das Linsengericht, wie es ihnen am besten passt.

Ullas Küchentipps

Nicht alle Linsensorten eignen sich für eine Salatzubereitung

Die klassische Tellerlinse für Linsensuppe und rote Linsen, die man in der asiatischen und orientalischen Küche einsetzt, werden schnell zu weich. Am besten schmecken Belugalinsen, die deshalb so heißen, weil die dunklen runden Linsen an Beluga-Kaviar erinnern. Auch aus braunen Berglinsen bereite ich gern einen Salat zu. Diese spezielle Sorte und auch alle anderen Linsen kaufe ich im Naturkosthandel.

Etwas mehr Arbeit – dafür viel schöner

Die Gemüse werden in diesem Gericht nicht mit den Linsen zusammen gekocht. Das sieht auf den ersten Blick etwas umständlich aus, hat aber zwei Vorteile:

Wir stellen so einen selbst gemachten, schmackhaften Fond her, um darin die Linsen zu kochen und können gleichzeitig die verarbeiteten Gemüse im Salat verwerten.

Ein Linsensalat sieht einfach appetitlicher aus, wenn die Gemüse, die mitgekocht wurden, nicht die braune Farbe der Linsen annehmen. Bei einer Suppe ist das nicht tragisch. Durch getrenntes Garen bleiben Kartoffel-, Sellerie- und Möhrenwürfel schön hell.

Salat von Belugalinsen zu Lachs, Speck oder Schafskäse

Zutaten für 4-6 Portionen

250 g Belugalinsen
4 Karotten
150 g Sellerie
150 g Kartoffeln, festkochend
½ Stange Lauch
1 Lorbeerblatt
2 Knoblauchzehen
1 Zitrone
Öl
Salz
Pfeffer

Außerdem
10 EL Kürbiskernöl
½ Bund Blattpetersilie

Außerdem nach Wahl pro Person
150 g Lachs
100 g Schafskäse
100 g Schinkenspeck

Zubereitung

Alle Gemüse schälen, putzen und waschen. Einen Topf mit Wasser erhitzen und halbierte Kartoffeln, ganze Karotten, das Selleriestück und die Hälfte der Lauchmenge hineingeben. Mit Knoblauch, Lorbeerblatt und Salz würzen. Dann circa 20 Minuten garen, so dass Kartoffeln, Möhren und Sellerie noch leicht Biss haben. Die Gemüse über einem Sieb abgießen und den Fond in einem Topf auffangen. Die Linsen waschen, abtropfen lassen und im Gemüsefond circa 30 Minuten garen. Währenddessen das Gemüse in schöne Würfel teilen. Den gekochten Lauch jedoch nicht für den Salat verwenden, da er nach dem Garen zu weich ist. Stattdessen die andere Hälfte des rohen Lauchs in feine Ringe schneiden. Gemüsestücke und rohe Lauchstreifen in eine Schüssel geben. Die Linsen über einem Sieb abschütten und mit dem Gemüse mischen. Mit Salz, Pfeffer und Zitronensaft würzen. Den Salat kalt oder lauwarm zu einer weiteren Beilage nach Wahl servieren.

Lachs
Den Lachs portionieren, mit Zitrone beträufeln, salzen und ganz leicht in Mehl wenden. In einer Pfanne Öl oder Butterfett erhitzen, den Lachs sehr kurz anbraten, drehen und dann im vorgeheizten Backofen bei 180°C Umluft circa 10 Minuten ziehen lassen.

Schinkenspeck
Speckscheiben nebeneinander auf Backpapier legen und im Backofen etwa 10 Minuten gratinieren. Zwischendurch einmal umdrehen.

Schafskäse
Den Schafskäse halbieren und auf ein kleines Blech oder in eine Porzellanform legen. Unter der Oberhitze des Backofens circa 10 Minuten gratinieren.

Anrichten
Auf jeden Teller etwas Linsensalat geben und wahlweise mit der entsprechenden Beilage anrichten. Vor dem Servieren mit Kürbiskernöl und gehackter Blattpetersilie verfeinern.

Kartoffelsalat mit Würstchen – ein Klassiker zu Heiligabend

Ullas Küchentipps

Kaum zu glauben, aber Adventszeit war früher Fastenzeit
So kommt es wohl, dass in vielen Familien zu Heiligabend kein Gänsebraten, sondern eher etwas Einfaches wie Kartoffelsalat gegessen wird. Einfach heißt aber heutzutage nicht immer einfach. Was tun, wenn Kinder oder Enkel neuerdings nichts mehr vom Tier verspeisen? Ich zeige Ihnen, wie Sie ohne viel Aufwand zwei Salatvarianten zubereiten können.

Zwiebelwürfel anbraten
Wem rohe Zwiebeln im Salat zu intensiv schmecken, der kann die Würfelchen auch kurz in Butter anschwitzen. Dann etwas abkühlen lassen und unter den Salat mischen.

Frische Eier
Bei der klassischen Mayonnaise darauf achten, dass das Ei frisch ist. Mayonnaise mit rohem Ei immer gut kühl halten und möglichst bis zum nächsten Tag verbrauchen.

Auf Vorrat anrühren
Die vegane Mayonnaise hält sich einige Tage im Kühlschrank frisch. Damit die Sauce keinen Kühlschrankgeschmack annimmt, am besten in ein Glas abfüllen und mit Deckel verschließen.

Kartoffelsalat mit Würstchen – ein Klassiker zu Heiligabend

Zutaten für 4 Portionen

Kartoffelsalat
1500 g Kartoffeln, festkochend
100 g Zwiebeln
200 g Essiggurken
Salz
Pfeffer

Mayonnaise, klassisch
1 Eigelb
6 EL Weißweinessig
1 TL Senf
150 ml Rapsöl
Salz
Zucker

Mayonnaise, vegan
100 ml Sojasahne oder Sojamilch
150–200 ml Rapsöl
1 TL Senf
6 EL Weißweinessig
Salz
Zucker

Außerdem
2 Pakete Gartenkresse
Gekochte Eier
Wiener Würstchen
Walnüsse
Äpfel

Zubereitung

Zunächst die Kartoffeln waschen und mit Schale in Salzwasser etwa 25 Minuten garen. Noch heiß pellen und zum Auskühlen zur Seite stellen.

Für die klassische Mayonnaise ein Eigelb, Senf und Essig in eine Schüssel geben. Das Ei sollte nicht zu kalt sein. Mit dem Schneebesen verrühren und nun nach und nach das Öl angießen. Je schneller man schlägt, umso fester wird die Konsistenz. Mit Salz und Zucker abschmecken und zur Seite stellen.

Für die vegane Mayonnaise die Sojasahne in ein hohes Gefäß füllen und mit dem Stabmixer kurz anschlagen. Dann das Rapsöl nach und nach zugießen, dabei weiter quirlen. Mit Senf, Essig, Zucker und Salz abschmecken und zur Seite stellen.

Für den Kartoffelsalat die Zwiebel fein würfeln, die Essiggurken in dünne Scheiben teilen. Die Kartoffel halbieren, eventuell sogar vierteln und in Scheiben schneiden. Die vorbereiteten Zutaten – je nachdem wie viele Personen Mayonnaise mit oder ohne Ei essen – auf zwei Schüsseln verteilen und mit den Mayonnaisen anmachen. Noch einmal mit Salz, Pfeffer und eventuell etwas Essig abschmecken. Den veganen Kartoffelsalat kann man zusätzlich mit Apfelstückchen, Kresse und gerösteten Walnüssen verzieren. Der Klassiker wird mit gekochten halbierten Eiern und auch mit Kresse garniert. Hierzu passen Wiener Würstchen oder Frikadellen.

Deftige Erbsensuppe

Mir schmeckt Erbsensuppe am besten, wenn sie wie in alten Kochbüchern zubereitet wird. Und zwar aus getrockneten Erbsen und einer würzigen Brühe aus einem Eisbein. Bei meinem Marktmetzger gibt es Eisbein meist vorrätig. Besonders im Winter, weil Eisbein auch gut zu Sauerkraut passt. Ein Eisbein verleiht auch einer Erbsensuppe die richtige Würze. Das gekochte Fleisch wird später als Einlage verwendet und der Hund freut sich auf den riesigen Knochen. Dem Old-School-Rezept habe ich einen modernen Touch verpasst. Ich koche Erbsen und Gemüse getrennt. So können die Hülsenfrüchte in Ruhe weich werden und das Suppengemüse behält im anderen Topf Struktur und Biss. Ganz zum Schluss kommen zusätzlich junge Tiefkühl-Erbsen ins Spiel, die kurz vor dem Anrichten mitpüriert werden. Sie verleihen der Suppe eine wunderbar grüne Farbe und einen frischen Geschmack – das Auge isst ja schließlich auch mit.

Deftige Erbsensuppe

Zutaten für 4-6 Portionen

Suppe
400 g getrocknete Erbsen
1 Zwiebel
1 Knoblauchzehe
2 Lorbeerblätter
200 g Tiefkühlerbsen
Salz

Suppeneinlage
150 g durchwachsener Speck
2-3 Karotten
400 g Kartoffeln
Salz

Brühe zum Angießen
1 mittelgroßes Eisbein (ca. 1000 g)
1 Zwiebel
⅓ Stange Lauch
100 g Sellerie
1 Knoblauchzehe
2 Lorbeerblätter
1 TL Wacholderbeeren
2 Nelken
10 Pfefferkörner
3 frische Thymianzweige oder
½ TL getrockneter Majoran
1 TL Zucker
Salz

Außerdem
4-6 Wiener Würstchen
Frische Petersilie
4 EL Sauerrahm

Zubereitung

Die Erbsen waschen und über Nacht in kaltem Wasser einweichen lassen.

Für die Brühe Zwiebel, Knoblauch und Sellerie schälen, den Lauch putzen. Das Eisbein abwaschen und mit Wasser vollständig bedeckt in einen passenden Topf zum Kochen bringen. Schaum, der sich auf der Oberfläche bildet, abschöpfen. Nach einigen Minuten die Gemüse im Ganzen hineingeben. Die Brühe mit Wacholderbeeren, Pfeffer, Nelken, Thymian, Lorbeerblättern, Zucker und Salz würzen. Circa 2 Stunden leise köcheln lassen. Das Eisbein herausnehmen, auf eine Platte legen und zur Seite stellen, die Brühe in einem Sieb abschütten. Verkochtes Suppengemüse nicht weiterverwenden.

Das Einweichwasser der Erbsen abgießen. Die Erbsen mit der Hälfte der Eisbeinbrühe zum Kochen bringen und etwa 60 Minuten bei geringer Hitze garen. Auch hier Schaum, der sich anfänglich beim Aufkochen bildet, etwas abschöpfen. Währenddessen Kartoffeln und Möhren schälen und in mundgerechte Stückchen teilen. Den Speck würfeln und in einem Topf anbraten. Mit Kartoffeln und Möhren auffüllen und mit der anderen Hälfte der Eisbeinbrühe ablöschen. Das Gemüse mit geschlossenem Deckel circa 20 Minuten garen und zur Seite stellen.

Wenn die Erbsen weich sind, eine Tasse gekochte Erbsen abschöpfen und als Suppeneinlage zurückbehalten. Nun die Tiefkühlerbsen in den Topf zu den restlichen Erbsen geben und alles zusammen kurz aufkochen. Mit einem Mixstab die Hülsenfrüchte zu einer glatten Suppe pürieren. Kartoffel- und Möhrenstücke sowie den Speck zufügen und die zurückgehaltenen Erbsen unterrühren. Je nach Konsistenz mit der Gemüsekochbrühe aus dem zweiten Topf alles verlängern, bis eine schöne, cremige Konsistenz entsteht.

Schwarte und Fett vom Eisbein abschneiden und das Fleisch klein schneiden. Das Fleisch zusammen mit den Würstchen in der Erbsensuppe erwärmen.

Anrichten
Je nach Gusto die Würstchen vorher in Scheiben schneiden oder im Ganzen lassen und auf die Suppe legen. Als Topping passt etwas Sauerrahm und gehackte Petersilie.

Grünkohl-Frittata

Heimischer Grünkohl muss nicht immer als deftiger Eintopf daherkommen. Ich habe mich von der italienischen Küche inspirieren lassen und mische das leckere Gemüse unter eine Frittata. Das ist eine Art dicker Eierpfannkuchen, der zunächst in einer Pfanne auf dem Herd angebraten wird und dann im heißen Backofen seine appetitlich goldbraune Haube bekommt.

Ullas Küchentipps

Mit Kassler oder mit Tomaten?

Sitzen Fleischesser und Vegetarier an einem Tisch, hält man die Frittata neutral und gibt eingelegte getrocknete Tomaten und Kassler separat dazu. So kann jeder seine Frittata nach eigenen Vorlieben verfeinern.

Ganze Blätter sind am besten

Grünkohl besser nicht vorgeschnitten kaufen. Wenn das Gemüse vor dem Kochen gewaschen wird, gehen über die vielen Schnittstellen Geschmacks- und Nährstoffe verloren. Zerkleinert und in eine Plastiktüte verpackt lässt sich kaum prüfen, ob das Gemüse auch wirklich frisch ist.

Kälte und Licht bringen den milden Geschmack

Die Grünkohlpflanze liebt eiskalte Temperaturen. Das Gemüse schmeckt am besten, wenn es lange draußen auf dem Feld reifen konnte und Frost abbekommt. In historischen Rezepten wird Grünkohl gelegentlich mit etwas Zucker abgeschmeckt. Heutzutage ist das selten notwendig. Es gibt mittlerweile Züchtungen, die von vornherein mild schmecken.

Grünkohl als Superfood

Grünkohl ist ein gesundes regionales Wintergemüse. Das heimische Superfood enthält pflanzliches Eiweiß und versorgt uns mit Kalzium und Eisen. Grünkohl punktet mit Vitamin C, Vitamin K und zahlreichen sekundären Pflanzenstoffen.

Grünkohl-Frittata

Zutaten für 3-4 Portionen

750 g Grünkohl
4-5 Eier
200 g gekochte Kartoffeln
70 g Parmesan
100 g Crème fraîche oder Mascarpone
1 Zwiebel
Salz
Pfeffer
Butterfett

Außerdem
100 g Kassler-Rücken (Fleischvariante)
100 g eingelegte Trockentomaten (vegetarische Variante)

Zubereitung

Den Grünkohl waschen und etwas abtropfen lassen.

Zwiebel schälen und in kleine Würfel schneiden. Den Parmesankäse reiben. Die Kartoffeln in mundgerechte Stücke schneiden.

Grünkohl von den Rispen ziehen. Eine Handvoll Blätter zur Dekoration zur Seite legen. Restliches Grün in einem Küchenmixer zerkleinern. Je nach Größe des Gerätes macht man das in 2-3 Arbeitsgängen.

Butterfett in einem Topf erwärmen und die Zwiebel anschwitzen. Dann den zerkleinerten Grünkohl zugeben und alles gut umrühren. Das Gemüse mit Salz und Pfeffer würzen und etwas Wasser angießen. Mit einem Deckel versehen und bei kleiner Temperatur circa 15 Minuten köcheln lassen.

Währenddessen die Eier mit Parmesankäse und Crème fraîche verrühren. Wenn der Grünkohl fertig ist, alle Zutaten mischen und noch einmal würzen. Nach Gusto kann man jetzt noch mit gewürfeltem Kassler-Rücken oder Trockentomatenstückchen verfeinern. Eine passende Pfanne mit Butterfett erhitzen und die Frittata-Masse 2-3 Minuten anbraten. Dann die Pfanne für circa 15 Minuten bei 180°C Umluft in den vorgeheizten Backofen stellen. Das Gericht ist fertig, wenn es an der Oberfläche fest wird.

In der Zwischenzeit die Dekoblätter in heißem Wasser blanchieren, kalt abschrecken und gut abtropfen lassen.

Anrichten
Die Frittata entweder auf einen Deckel gleiten lassen und auf einer Platte anrichten oder in der Pfanne servieren. Das Gericht mit blanchierten Grünkohlblättchen und getrockneten Tomatenstückchen oder Kasslerwürfelchen verzieren.

Rosenkohl

Man mag ihn oder man mag ihn nicht – es geht um Rosenkohl. Manche können ihn einfach nicht riechen und andere probieren ihn erst gar nicht. Kohl aller Art muss nicht muffig schmecken. Ich achte auf kurze Garzeiten und kombiniere das Gemüse mit exotischen Zutaten. Frische Ananas passt prima, die schmeckt süß, sauer und frisch und bildet geschmacklich einen schönen Kontrast zum leicht bitteren Kohl. Hin und wieder darf man im Winter auch schon mal zu exotischen Früchten greifen. Ich bevorzuge auch bei den Exoten Obst aus dem Bio-Anbau. Mein Gemüsehändler auf dem Markt kann mir Auskunft geben, wo die weitgereisten Früchte herkommen und ob der Obstbauer am anderen Ende der Welt auf Nachhaltigkeit setzt. Curry und Kokosmilch bringen den asiatischen Touch. Das Gericht schmeckt vegetarisch, kann aber auch mit Geflügel oder Schweinefleisch ergänzt werden.

Ullas Küchentipps

Öfter mal Vollkornreis essen

Naturreis wird nach dem Ernten nicht geschält und behält sein Silberhäutchen. Er ist gesund, da er mehr Nährstoffe als weißer Reis enthält. Der Körper verstoffwechselt Vollkornreis langsamer. Das heißt: man bleibt länger satt, weil der Blutzuckerspiegel nicht so schnell ansteigt. Ein Gesichtspunkt, der auch für Diabetiker interessant ist.

Viele scheuen sich Naturreis zu kochen. Dabei muss er weder nach Öko noch nach Körnerpampe schmecken.

So gelingt Vollkornreis

1. Zunächst muss Naturreis immer gewaschen werden. Das beseitigt eventuelle Verunreinigungen und sorgt dafür, dass der Reis nach dem Kochen schön locker bleibt.
2. Dann den Reis für kurze Zeit in kaltem Wasser einweichen. Er gart so später schneller und die spröden Reiskörner zerbrechen nicht.
3. Richtig fein schmeckt Naturreis, wenn Sie das Kochwasser mit einem Lorbeerblatt würzen.
4. Bei kleinster Herdtemperatur und immer mit Deckel garen. Zum Schluss ist Fingerspitzengefühl und Genauigkeit gefragt. Wenn der Reis zu lange zieht, platzt er auf. Ähnlich wie beim Pastakochen muss der richtige Zeitpunkt genau abgepasst werden.

Rosenkohlpfanne in Curry-Kokos-Sauce

Zutaten für 2–3 Portionen

250 g Rosenkohl
250 g Schnitzelfleisch (Schwein oder Geflügel) bzw. 200 g Tofu
2 EL Sojasauce
½ Limette
1 TL Speisestärke
1 Zwiebel
150 g Karotten
150 g Ananas, gewürfelt
200 ml Kokosmilch
1 EL mildes Currypulver
Salz
Cayennepfeffer
4–5 Koriander- oder Blattpetersilienzweige
Erdnussöl zum Anbraten

Außerdem
1 Tasse Naturreis
1 Lorbeerblatt
Salz
1 EL Butter

Zubereitung

Für die Rosenkohlpfanne den Rosenkohl putzen und das Gemüse kreuzweise einschneiden. Wasser salzen, aufkochen und den Rosenkohl etwa 10 Minuten blanchieren. Dann abschütten, abschrecken und in einem Sieb abtropfen lassen. Die Rosenkohlköpfe, je nach Größe, vierteln oder halbieren und zur Seite stellen.

Die Karotten putzen und in hauchdünne Scheiben schneiden. Die frische Ananas gabelgerecht stückeln. Das Fleisch oder den Tofu in halbzentimeterdicke Streifen teilen. Zwiebel und Knoblauch schälen, dann würfeln. Fleisch- oder Tofustreifen mit Sojasauce, Limettensaft und Speisestärke circa 10 Minuten marinieren.

Das Öl in einer Pfanne oder einem Wok erhitzen und Fleisch oder Tofu rundherum scharf anbraten. Salzen, mit Curry bestreuen und darauf achten, dass das Gewürz nicht verbrennt. Aus der Pfanne nehmen und auf einen Teller legen. Nun die Zwiebel- und Knoblauchstücke und die Möhrenscheibchen in den heißen Bratensatz der Pfanne geben. Eventuell noch etwas Öl angießen und alles zusammen anschwitzen. Mit Kokosmilch ablöschen und einige Zeit köcheln lassen. Dann Ananas, Rosenkohl, Fleisch oder Tofu, auffüllen und kurz aufkochen. Zum Schluss mit Salz, Cayennepfeffer und gehacktem Koriander abschmecken.

Für die Beilage eine Tasse mit Naturreis füllen. Das Getreide in einem Sieb sorgfältig abspülen und dann für 15 Minuten in kaltem Wasser quellen lassen. Das Wasser abschütten und den Reis in einen Kochtopf umfüllen. Knapp zwei Tassen voll Wasser angießen und den Reis mit einem Lorbeerblatt und etwas Salz würzen. Wenn das Wasser kocht, den Topf mit einem Deckel fest verschließen und auf kleinster Flamme 15–20 Minuten ziehen lassen. Der Reis ist gar, wenn er weich ist. Vor dem Servieren mit zwei Gabeln auflockern und nach Gusto mit Butter verfeinern.

Kartoffel-Sauerkraut-Torte

Sauerkraut muss nicht unbedingt als rustikale Kantinenbeilage neben Eisbein und Tütenpüree auf dem Teller herumschwimmen. Ich packe das gesunde Wintergemüse mit einer selbstgemachten Kartoffelmasse in eine knusprige Filo-Teig-Torte. Filo-Teig ist ein dünner Strudelteig, den Sie auf dem Wochenmarkt bei türkischen oder griechischen Feinkosthändlern bekommen. Am Metzgerwagen nehme ich noch eine Scheibe Kassler mit. In Würfelchen geschnitten und in Butter angebraten wird die kleine „Fleischbeilage" über die Torte gestreut. Vegetarier rösten Walnusshälften und ersetzen das Kassler durch gebratenen Räuchertofu.

Ullas Küchentipps

Heimisches Superfood

Sauerkraut ist ein guter Vitamin C-Lieferant und erspart uns im Winter weitgereistes Superfood. Ich habe mehrmals schon bei einem Sauerkrautstampfen mitgewirkt und selbst ein Fass angesetzt. Viele Landfrauen- oder Slowfood-Vereine bieten solche Möglichkeiten an. Wer dazu keine Zeit oder keine Lust hat, findet auf dem Wochenmarkt frisches Sauerkraut wie zu Omas Zeiten. Das rohe Kraut ist deshalb so gesund, weil die Milchsäurebakterien noch aktiv sind. Das ist bei Konservenware aus dem Supermarkt leider nicht der Fall. Wenn Sie aus dem Kraut eine Mahlzeit kochen, lohnt es sich, immer etwas mehr einzukaufen und eine kleine Menge roh zu verzehren.

Sauerkraut und Kartoffeln kochen

Frisches Sauerkraut, wenn es zu sauer ist, immer vorher probieren und möglicherweise wässern. Genug Brühe ist beim Garen wichtig, da das Kraut sonst schnell anbrennt. Später lässt sich überschüssige Flüssigkeit mit Kartoffelstärke abbinden. Das gibt zusätzlich einen schönen Glanz.
Bei der Kartoffelmasse darauf achten, dass Sie zu einer mehligen Sorte greifen. Am Marktstand gibt der Kartoffelhändler gerne Auskunft. Nach dem Garen muss das Gemüse kurz ausdampfen, bevor es in die Presse kommt.
Die herzhafte Torte mag ich am liebsten, wenn sie warm aus dem Ofen kommt. Kalt schmeckt die Kartoffelmasse leicht trocken und der Filo-Teig wird weich. Auch ein Aufwärmen würde sie nur weiter austrocknen.
Wenn 2–3 Portionen gefragt sind, halbiere ich die Zutaten und verwende eine kleine Form.

Kartoffel-Sauerkraut-Torte

Zutaten für eine runde Form, 27 cm Ø

Kartoffelmasse
750 g Kartoffeln, mehligkochend
100 g Butter
2 Eier
Salz
Muskat

Sauerkraut
500 g frisches Sauerkraut
200 ml Brühe
2 Lorbeerblätter
10 Wacholderbeeren
1–2 Zwiebeln
2 Knoblauchzehen
Salz
Pfeffer

Teig
5 dünne Filo-Teigblätter
100 g flüssige Butter

Außerdem
300 g Kassler
Salz
Pfeffer
1 Bund glatte Petersilie
Kartoffelstärke zum Abbinden
3 EL Semmelmehl

Zubereitung

Das Sauerkraut grob hacken. Zwiebeln und Knoblauch schälen und fein würfeln. Beides in Butter anschwitzen und dann das Sauerkraut zugeben. Mit Brühe aufgießen, dann mit Lorbeerblättern, Wacholderbeeren und Salz würzen. Circa 30 Minuten garen lassen. Anschließend mit etwas Kartoffelstärke abbinden.

Für die Kartoffelmasse die Kartoffeln schälen und in Salzwasser garen. Dann abschütten, ausdämpfen lassen und durch eine Kartoffelpresse in eine Schüssel drücken. Mit den Eiern und der Butter verrühren und mit Muskat würzen. Die Masse in einen großen Spritzbeutel füllen und kurz zur Seite legen.

Für den Teig die Filo-Blätter alle kurz buttern und Schicht für Schicht in die Form einpassen. Den Boden mit Semmelmehl bestreuen und das Sauerkraut in der Form verteilen. Mit dem Spritzbeutel Kartoffel-Rosetten auf das Sauerkraut auftragen bis alles bedeckt ist. Das Gebäck für circa 30 Minuten bei 180°C Umluft in den heißen Backofen geben.

Das Kassler in Würfelchen schneiden und in einer weiteren Pfanne in Butter vorsichtig braten. Mit Pfeffer würzen und mit gehackter Petersilie bestreuen.

Anrichten
Die Torte aus dem Ofen nehmen. Kassler großzügig auf der Oberfläche verteilen und mit Petersilie verschönern. Die Stücke portionieren und auf Tellern verteilen.

Schwarzwurzeln in Bierteig auf Senfsauce

Schwarzwurzeln finden wir im Winter überall auf dem Wochenmarkt. Ich habe das Gemüse in den 90ern kulinarisch für mich neu entdeckt. Da standen Schwarzwurzelgerichte regelmäßig auf der Speisekarte meines Kölner Restaurants. Eines davon stelle ich hier vor: Schwarzwurzeln in Bierteig. Auch bei der Sauce bleibe ich regional – ich verfeinere sie mit Senf aus Monschau, Köln oder Schwerte.

Ullas Küchentipps

Schwarzwurzeln waren früher im Winter beliebt, als es noch keine Gemüseimporte aus Spanien gab. Vor allem für Leute, die abnehmen wollen, ist die Wurzel mit 16 kcal auf 100 g ideal. Das Gemüse enthält reichlich Vitamine, Mineralstoffe und den Ballaststoff Inulin. Schwarzwurzeln eignen sich auch als Schonkost, da sie leicht verdaulich sind.

Beim Verarbeiten am besten Handschuhe anziehen. Der weiße, klebrige Pflanzensaft verfärbt die Finger dunkel.

Wichtig ist, dass man das Gemüse nicht verkocht, sondern lieber mit etwas Biss serviert. Schwarzwurzeln schmecken fein nussig und zählen mittlerweile in der gehobenen Küche zu den Gemüsedelikatessen. Die Wurzeln sind preiswert, brauchen aber etwas Zeit, bis sie verzehrfertig auf dem Teller liegen. Der Aufwand lohnt sich, das Gemüse schmeckt köstlich.

Wer mit Senf und Bier kocht, sollte beachten, dass beide Zutaten keine Hitze vertragen. Senf verliert durch Kochen sein Aroma und Bier wird bitter. Mit Weizenbier gelingt der Teig übrigens besonders gut, da es mild schmeckt und die kräftige Kohlensäure die Backmasse schön auflockert.

Schwarzwurzeln in Bierteig auf Senfsauce

Zutaten für 4 Portionen

Schwarzwurzeln
1 kg Schwarzwurzeln
2 Zitronen
2 Lorbeerblätter
2 Schalotten
2 Knoblauchzehen
10 Pfefferkörner
10 Wacholderbeeren
2–3 Thymianzweige
Salz

Bierteig
250 g Weizenmehl
0,2 l Weizenbier
2 Eier
½ TL Zucker
1 Prise Muskat
Salz
1–2 EL Mehl zum Wenden

Zum Frittieren
750 ml hitzestabiles Öl zum Frittieren (z.B. Erdnussöl)

Senfsauce
1 TL Butter
1 TL Mehl
250 ml Schwarzwurzelsud
3 EL grober Senf
2 EL geschlagene Sahne
Salz

Außerdem
½ Bund Petersilie
¼ Endiviensalat

Zubereitung

Für den Schwarzwurzelfond Knoblauch und Schalotten schälen, dann halbieren. Einen passenden Topf mit Wasser füllen und mit Schalotten, Knoblauch, Lorbeerblättern, Pfefferkörnern, Wacholderbeeren und Thymianzweigen würzen. Dann den Saft einer Zitrone zugeben. Alles zum Kochen bringen.

Währenddessen die Schwarzwurzeln auf Zeitungspapier grob abbürsten. Dann das Gemüse in kaltem Wasser gründlich waschen und mit einem Küchentuch abtrocknen. Alle Stangen halbieren. So liegen die Schwarzwurzeln wie Spargel in der Hand. Eine passende Schüssel mit Wasser füllen und den Saft einer Zitrone hineinpressen. Die Schwarzwurzeln sorgfältig schälen und in das Zitronenwasser legen. Sind alle Wurzeln fertig, wird das Wasser weggegossen. Eventuell noch restliche schwarze Pünktchen mit einem Küchenmesser wegschneiden. Geschältes Gemüse in den heißen Würz-Sud geben, circa 15 Minuten köcheln lassen und zur Seite ziehen. Die Wurzeln garen in der Nachwärme des Wassers weiter. Sie sollten jedoch nicht zu weich werden.

Für das Salatbouquet die Endiviensalatblätter waschen, trocken tupfen und in feine Streifen teilen. Dann bis zum Anrichten kalt stellen. Für den Bierteig das Mehl in eine Schüssel geben und mit Eigelb, eiskaltem Weizenbier und den Gewürzen zu einer glatten Masse verarbeiten. Den Teig nicht zu lange rühren, weil er sonst zäh wird. Damit das Mehl gut quellen kann, muss der Teig 10 Minuten ruhen. Erst kurz bevor Sie die Schwarzwurzeln in Öl ausbacken, wird das Eiweiß geschlagen und unter den Teig gehoben. Die einzelnen Schwarzwurzelstücke in Mehl wenden, dann in Bierteig tauchen und in heißem Fett nacheinander golden ausbacken. Zum Abtropfen auf eine Lage Küchenkrepp legen und eventuell bis zum Anrichten im Backofen bei 100°C Ober-/Unterhitze warmstellen.

Für die Senfsauce die Butter in einem Topf mit rundem Innenrand langsam schmelzen. Das Mehl zugeben und mit einem Schneebesen, der wenig Schwingen hat, sorgfältig vermischen. Dann mit Schwarzwurzelfond ablöschen und kurz aufkochen lassen. Den Senf einrühren und die Schlagsahne unterheben. Jetzt nicht mehr kochen. Mit Salz und gehackter Petersilie vollenden.

Anrichten
Auf jeden Teller eine kleine Kelle Senfsauce geben und dann einige Schwarzwurzeln hübsch übereinanderstapeln. Mit etwas Endiviensalat und frischer Petersilie garnieren.

Steckrüben aus dem Römertopf

Steckrüben waren früher ein Arme-Leute-Essen und in Hungerzeiten ein lebenswichtiger Kartoffelersatz. Heute widmen sich sogar Sterneköche der blaugelben Rübe. Ich gehe es etwas rustikaler an und gare das Gemüse in einem Römertopf. Dieses Küchenutensil ist zu Unrecht im Schrank verschwunden. Ein Römertopf punktet nach wie vor mit guten Kocheigenschaften. Er hält zum einen Lebensmittel saftig. Zum anderen bleiben die Aromen erhalten und das Essen macht sich im Backofen fast wie von allein.

Ullas Küchentipps

Ein Tontopf bewahrt die Aromen

Der Römertopf war in den 1970er Jahren so beliebt wie heute der Thermomix®. Ob Braten, Brot, Marmelade, Eintopf oder Soufflé – es wurde damals fast alles im Römertopf zubereitet. Die Generation 50plus hat mit ihm die ersten Kocherfahrungen gesammelt. Weil man unkompliziert und lecker ein preiswertes Gericht für viele Leute auf den Tisch bringen konnte, kam er in Studentenwohngemeinschaften zum Dauereinsatz.

Steckbrief: Steckrübe

Steckrüben werden ab Oktober geerntet und sind ein regionales Winterlagergemüse. Die dicke, meist blaugelbe Rübe schmeckt etwas nach Kohlrabi, leicht herb und manchmal etwas bitter. Die Bitterstoffe lassen sich reduzieren, indem man die Steckrübenstücke vor dem eigentlichen Kochen kurz in heißem Wasser blanchiert. Leichte Bitterstoffe haben aber durchaus einen kulinarischen Reiz und sind gesund. Etwas Schärfe oder Säure am Gericht gleichen Bitteres aus. Wenn Kohlrabi, Mohrrüben oder reichlich Kartoffeln mitgekocht werden, sorgen die für die richtige Balance.

Kaum Kohlenhydrate

Die Steckrübe enthält viel Wasser, reichlich Vitamin C, dann Vitamine aus dem B-Komplex, Kalzium, Kalium und Carotinoide. Mit wenigen Kohlenhydraten sind Steckrüben ein guter Low-Carb-Ersatz für Kartoffeln.

Vegane Variante

Die Butter durch Pflanzenöl ersetzen. Alle anderen Zutaten, Mengen und die Zubereitung wie im Rezept auf der nächsten Seite. Als Beilage passen gebratene Kräuterseitlinge, die man mit Knoblauch und Petersilie verfeinert. Aus dem Möhrengrün – es sollten dann Bio-Möhren sein – lässt sich ein Pesto zubereiten, das zum Steckrübengemüse prima schmeckt.

Steckrüben aus dem Römertopf

Zutaten für 4 Portionen

1 mittelgroße Steckrübe
750 g Kartoffeln, festkochend
2 Karotten
2 Zwiebeln
1 Knoblauchzehe
70 g Butter
Muskat
Salz
Pfeffer

Außerdem
Frische Bratwurst oder Mettwurst
Blattpetersilie
Senf

Zubereitung

Den Tontopf und den Deckel 15 Minuten in kaltem Wasser einweichen.
Währenddessen die Steckrübe mit einem großen, stabilen Messer in Achtel teilen, dann schälen und mundgerecht würfeln. Karotten, Kartoffeln, Zwiebeln und Knoblauch schälen. Karotten und Kartoffeln an die Schnittgröße der Steckrübenstückchen anpassen. Die Zwiebeln halbieren und in Streifen schneiden, die Knoblauchzehe in feine Würfel teilen.

Alle Zutaten in den gewässerten Tontopf schichten und mit Salz, Muskat und Pfeffer würzen. Wer mag, kann auch noch 2 Lorbeerblätter zugeben. Butterflocken auf dem Gemüse verteilen und den Deckel schließen. Den Römertopf in den kalten! Backofen geben und die Temperatur auf 200°C Ober-/Unterhitze einstellen. Die Garzeit beträgt circa 60 Minuten. Am besten nach 50 Minuten in den Ofen schauen. Das Gemüse sollte noch schön stückig sein.

Anrichten
Steckrüben-Möhren-Kartoffelgemüse auf Tellern anrichten und je eine Wurst anlegen. Mit gehackter Petersilie bestreuen und Senf dazu reichen.

Wirsing-Kartoffelstampf

Wenn es draußen kalt wird, koche ich für meine Familie gern etwas, was deftig schmeckt und trotzdem leicht ist. Ob Sie dieses preiswerte Kohlgericht mit Speck und Bratwurst verfeinern oder die vegetarische Variante mit Räuchertofu wählen, ist reine Geschmacksache. Auch aus Lauch, Mangold oder Spitzkohl lässt sich je nach Marktangebot ein schmackhafter Kartoffelstampf zubereiten.

Zutaten für 4 Portionen

1 kleiner Wirsing
750 g Kartoffeln, mehligkochend
1 Zwiebel
1 Knoblauchzehe
½ TL Thymian
2 Lorbeerblätter
1 EL Gänseschmalz
100 ml Sahne
150 g Speck (durchwachsen)
Salz
Pfeffer

Außerdem
4 Bratwürste
Senf
2–3 Petersilienzweige

Zubereitung

Die Kartoffeln schälen, halbieren und in Salzwasser circa 20 Minuten garen. Währenddessen die Zwiebeln und den Knoblauch schälen und würfeln. Den Speck in feine Streifen teilen. Die äußeren Blätter des Wirsings abtrennen und wegwerfen. Den Wirsing vierteln; den Strunk an allen vier Stücken keilförmig herausschneiden und das Gemüse in feine Streifen hobeln. In einem passenden Topf etwas Gänseschmalz erhitzen und die Zwiebel- und Speckstücke glasig anbraten. Mit den Wirsingstreifen auffüllen, umrühren und mit Salz und Pfeffer würzen. Die Sahne angießen und mit den Lorbeerblättern würzen. Noch einmal umrühren, die Hitze zurückschalten und den Topf mit einem Deckel verschließen. Etwa 10 Minuten garen lassen. In der Zwischenzeit die frischen Bratwürste bei mäßiger Hitze von beiden Seiten langsam braten.

Kartoffeln abschütten, etwas ausdampfen lassen und zum Wirsing geben. Mit einem Stampfer alles zu einem groben Brei zerdrücken. Mit Muskat abschmecken und nach Gusto mit Pfeffer bestreuen.

Anrichten
Den Wirsing-Kartoffelstampf auf Tellern verteilen, mit Bratwürsten servieren und mit Petersilie bestreuen.

Vegetarische Variante

Statt Speck kommt die gleiche Menge Räuchertofu zum Einsatz. Den Tofu wie Speck würfeln und leicht anbraten. So kommt eine zarte Rauchnote an den Kohl. Zum Anbraten kein Schmalz, sondern Olivenöl verwenden. Das betont die mediterrane Richtung, die man zum Schluss mit geriebenem Parmesankäse noch einmal verstärken kann. Als weitere Beilage passen gebratene Spiegeleier.

Zutaten vegetarisch für 4 Portionen

1 kleiner Wirsing
750 g Kartoffeln, mehligkochend
1 Zwiebel
2 Knoblauchzehen
½ TL Thymian
2 Lorbeerblätter
2 EL Olivenöl oder Butterschmalz
100 ml Sahne
150 g Räuchertofu
70 g Parmesankäse zum Reiben
Salz
Pfeffer

Außerdem
Pro Person 1–2 Eier
Butter zum Braten
Salz
2–3 Petersilienzweige

Spätzle

Spätzle muss man nicht vom Brett schaben. Sehr einfach gelingen sie auch Nichtschwaben, wenn man eine Spätzlepresse verwendet. Dieses praktische Haushaltsgerät benutze ich auch, um Kartoffeln durchzudrücken oder um für Kinder schnell ein Spaghetti-Eis zu zaubern. Spätzle sind schnell gemacht und schmecken gut zu allen Schmorgerichten, bei denen reichlich Sauce anfällt. Kinder mögen die Nudeln gern pur, wenn sie nur mit Butter und geriebenem Käse auf den Tisch kommen.

Ullas Küchentipps

Für jeden die passende Mehlsorte

Für die klassischen Spätzle am besten doppelgriffiges Weizenmehl verwenden. Das Mehl ist hell und hat mehr Grießanteile. Man verwendet es in Nudelteigen, da es nicht so schnell verklumpt wie Instantmehl. Doppelgriffiges Mehl gibt es in gut sortierten Supermärkten. Auch aus Vollkornmehl, in dem mehr wertvolle Inhaltsstoffe stecken, kann man Spätzle herstellen. Vollkornmehl enthält im Gegensatz zu Weißmehl noch den Keimling und die Randschichten des Getreidekorns. Eine Möglichkeit, die Ernährung etwas vollwertiger zu gestalten, wenn der Nachwuchs am Tisch immer nur Nudeln essen möchte.

Wer kein Gluten verträgt, muss auf selbst gemachte Spätzle nicht verzichten. Zum einen bietet sich das besser verträgliche Dinkelmehl an. Oder man weicht auf Scheingetreide wie Amaranth-Mehl aus, das gar kein Gluten enthält. Damit die Spätzle – ohne Gluten – auch gut zusammenhalten, sollten Sie den Teig wirklich kräftig schlagen und lange genug quellen lassen.

Arbeitsgeräte kinderleicht säubern

Spätzle-Presse, Schüssel und Schaber unbedingt mit kaltem Wasser vorspülen. Das heiße Wasser der Spülmaschine bindet den Teig ab und verklebt das Sieb der Spätzlepresse.

Spätzle

Zutaten für 4 Portionen

500 g Mehl
5 Eier
ca. 150 ml Mineralwasser
Salz
Muskat
Pfeffer aus der Mühle
50 g Butter für die Form und zum Bestreuen

Zubereitung

Das Mehl in eine große Schüssel füllen. Die Eier zugeben und ⅔ Mineralwasser angießen. Mit Salz und Muskat würzen. Zunächst alle Zutaten zu einer glatten Masse verrühren. Mit einem Teigschaber oder mit der hohlen Hand den Teig so lange schlagen bis er zähflüssig vom Löffel läuft und Blasen wirft. Eventuell noch etwas Wasser zugeben. Abdecken und bei Zimmertemperatur circa 30 Minuten ruhen lassen. Einen großen Topf zu ⅔ mit Wasser füllen, salzen und zum Kochen bringen.

Für die Spätzle Teig zu ⅔ in die Presse füllen. Das Wasser sollte aufgekocht haben, aber nicht mehr sprudeln. Die Presse auf den Topfrand auflegen und den Teig ins Wasser drücken. Wenn die Spätzle oben schwimmen, werden sie mit einer Kelle herausgefischt und in ein Sieb gegeben. So lange bis der Teig verbraucht ist, diesen Arbeitsschritt wiederholen. In einer großen Pfanne etwas Butter erhitzen und die Spätzle kurz rundum anbraten. Bei mehreren Personen können Sie die Spätzle auch auf einem Backblech ausbreiten und mit Butterflocken bestreuen. Im Backofen bei 180°C Umluft circa 10 Minuten hellbraun backen. Zwischendurch einmal wenden.

Anrichten
Ich fülle die Spätzle gerne in eine Schüssel und handhabe es so, dass sich jeder so viele Spätzle nimmt, wie er mag. Schüsseln auf dem Tisch sind kommunikativ und sorgen für eine entspannte Atmosphäre. Es ist dann ein bisschen so wie früher bei Oma.

Überbackener Skrei

Skrei heißt ein geschlechtsreifer norwegischer Winterkabeljau, der aus der Barentssee stammt. Der Fisch wird nach strengen Kriterien gefangen, damit die Bestände auch in Zukunft erhalten bleiben. Norwegen ist hier europaweit Vorreiter und Vorbild, was Fangmengen und Fangmethoden angeht. Von Januar bis April gibt es am Fischstand auf dem Markt Winterkabeljau. Skrei verträgt durchaus kräftige Aromen. Ich gebe ihn einfach in den Backofen und würze mit einem handwerklich gemachten Senf aus der Region.

Ullas Küchentipps

Fischfilet auf Spinatbett

Auf dem Wochenmarkt finden wir überall schönen, kräftigen Spinat. Der harmoniert gut mit Fisch. Dafür Spinatwurzeln und Stiele entfernen, die Blätter waschen, abtropfen lassen und kurz vor dem Servieren in heißer Butter und etwas Knoblauch anschwitzen. Der Topf sollte groß genug sein. Unbedingt einen Deckel auflegen und zwischendurch umrühren. Nach wenigen Minuten mit Salz, Pfeffer und Muskat würzen. Dann das Gemüse in einem Sieb abtropfen lassen, damit sich später auf dem Teller keine Pfützen bilden.

Im Winter greife ich bei Spinat auch schon mal auf Tiefkühlware zurück. Eingefrorenes schmeckt zwar nicht so delikat wie frisch vom Feld, ist aber laut Ernährungsexperten genauso reich an wertvollen Inhaltsstoffen, da Obst und Gemüse sofort nach der Ernte verarbeitet werden.

Monschau, Köln oder Schwerte – in NRW gibt es guten Senf

In NRW gibt es etliche Senfmanufakturen, die auch grobkörnigen und handwerklich gut gemachten Senf anbieten. Dazu muss man nicht unbedingt durchs Land reisen. Ein Blick auf deren Webseiten gibt Auskunft, wo man den Senf aus NRW auf Wochenmärkten in Ihrer Nähe kaufen kann.

Auf Fischbestände Rücksicht nehmen

Mit Sicherheit schmecken auch Rotbarsch, Seelachs oder Lotte (Seeteufel) gut, wenn sie mit einer Senfkruste überbacken werden. Leider sind diese Sorten sehr überfischt und stehen laut Greenpeace und WWF auf der roten Liste. Von daher besser gar nicht oder nur ganz selten zubereiten, um die Bestände zu schützen.

Überbackener Skrei

Zutaten für 2 Portionen

500 g Skrei (alternativ Rotbarsch oder Seelachs)
½ Zitrone
1 Brötchen (altbacken)
50 g Hartkäse
2 EL grober Senf
2 EL Butter
Frischer Thymian
Salz
Pfeffer

Zubereitung

Den Winterkabeljau auf versteckte Gräten absuchen und einzelne Exemplare mit einer Zange entfernen. Die Fischfilets in eine passende, gebutterte oder geölte Form legen. Danach mit Salz und Pfeffer würzen und mit Zitronensaft begießen. Zur Seite stellen und kurz ziehen lassen.

Das trockene Brötchen fein reiben und in eine Schüssel füllen. Den Hartkäse grob reiben und die Thymianblättchen fein hacken. Beides zu den Semmelbröseln geben, salzen und pfeffern. Zum Schluss alle Zutaten mit weicher Butter und Senf sorgfältig verkneten.

Die bröslige Masse gleichmäßig auf den Fischfilets verteilen. Die Form auf mittlerem Backofeneinschub für circa 20 Minuten in den vorgeheizten Ofen bei 180°C Umluft stellen.

Anrichten
Die Filets passen wunderbar zu pochiertem Blattspinat und etwas Baguette.

Ochsenbäckchen in Burgunder

Geschmorte Rinderbäckchen koche ich für meine Lieben, wenn man in der kalten Jahreszeit gern gemütlich am Tisch zusammen sitzt. Es ist ein Gericht mit nostalgischem Sonntagsessen-Feeling. Die Sauce verfeinere ich mit einem Burgunder von der Ahr. Achtet man hier auf Qualität, passt er auch als Weinbegleitung zum Essen. Wie alle Schmorgerichte lassen sich Ochsenbäckchen gut vorbereiten und man hat so mehr Zeit für schöne Tischgespräche. Die feine Fettstruktur im Fleisch sorgt für einen grandiosen Geschmack. Ich lasse mir allerdings beim Schmoren etwas Zeit. Ochsenbäckchen sollten Sie unbedingt vorbestellen, da Ihr Marktmetzger diese Stücke nicht ständig im Angebot hat.

Ullas Küchentipps

Das Gericht lässt sich prima vorbereiten. Das Fleisch, wenn es abgekühlt ist, in ein sauberes, feuchtes Küchentuch wickeln und in den Kühlschrank geben. Die Sauce auch kalt stellen. Vor dem Essen die Sauce in einem flachen breiten Topf erhitzen. Die Ochsenbäckchen portionieren und das Fleisch dachziegelartig in den Topf schichten. Nicht kochen lassen, sondern langsam erwärmen. So bleibt alles saftig und zart.

Ochsenbäckchen in Burgunder

Zutaten für 4 Portionen

2 Ochsenbäckchen (ca. 600 g)
150 g Sellerie
2 Karotten
3 Zwiebeln
4 Knoblauchzehen
3 EL Tomatenmark
750 ml trockener Rotwein (Burgunder)
3 Lorbeerblätter
1 TL Paprikapulver
10 Wacholderbeeren
Frische Thymianzweige
Salz
Pfeffer

Außerdem
Kartoffelstärke zum Abbinden
Butterfett zum Anbraten

Zubereitung

Für das Röstgemüse Karotten, Sellerie, Zwiebeln und Knoblauch schälen und grob würfeln. Die Ochsenbäckchen salzen und in einer Pfanne in Butterfett von beiden Seiten richtig heiß anbraten.

Ochsenbäckchen aus der Pfanne nehmen und in einen passenden Bräter legen. Im Bratensatz die Gemüsewürfel rösten und gut umrühren. Mit Tomatenmark und Paprikapulver vermischen und wieder rühren. Ist alles gut angebraten, wird mit Rotwein abgelöscht. Mit einem Kochlöffel den Bratensatz am Pfannenboden lösen – das bringt Aroma. Lorbeerblätter, Wacholderbeeren und Thymianzweige zugeben und den Sud über den Ochsenbäckchen verteilen. Im vorgeheizten Backofen mit Deckel – ca. 3 Stunden bei 180°C Ober-/Unterhitze – schmoren lassen.

Wenn das Fleisch gar ist, die Ochsenbäckchen aus dem Bräter heben und auf eine Platte legen. Die Sauce durch ein Sieb in einen Topf passieren und die Röstgemüse wegwerfen. Die Sauce kurz stehen lassen, eventuell mit einer kleinen Kelle etwas entfetten und aufkochen. Ist die Sauce sehr einreduziert, kann man mit Wasser, Brühe oder Wein verlängern. Etwas Kartoffelstärke anrühren und die Sauce leicht abbinden. Zum Schluss mit Salz und Pfeffer abschmecken. Das Fleisch gegen die Faser in Scheiben schneiden. Entweder in der Sauce warm halten oder sofort auf Tellern anrichten.

Anrichten
Als Beilage schmecken Spätzle oder Knödel. Als Gemüse passt alles, was zurzeit aus der Region kommt und auf dem Markt angeboten wird, wie Wirsing, Rosenkohl, Karotten oder geschmorter Chicorée.

Entenkeule mit Quitten und Maronen

Auch kleine Haushalte brauchen auf einen leckeren Entenbraten nicht zu verzichten. Ich setze auf geschmorte Keulen, die Sie wunderbar vorher vorbereiten können. Zudem hat so ein Schmorgericht immer einen hohen Entspannungsfaktor. Das ist besonders zu Festtagen angenehm, wenn ohnehin noch so viel zu tun ist. Eine gute Küchenvorbereitung fürs Weihnachtsessen sorgt dafür, dass erst gar kein Stress aufkommt. Quitten, Maronen und Ingwer sind die perfekten Aromen, die das Geflügelgericht zum Festessen machen.

Ullas Küchentipps

Vorkochen und am nächsten Tag aufwärmen

Natürlich schmeckt das Gericht am besten, wenn es frisch auf den Tisch kommt. Dennoch gibt es Fälle, wo es sinnvoll ist, die Entenkeulen am Vortag schon zuzubereiten. Zum Aufbewahren das gebratene Fleisch aus der Sauce nehmen, auskühlen lassen, mit einem nassen Tuch bedecken. Sauce und Keulen in den Kühlschrank stellen. Beim Aufwärmen zunächst die Sauce richtig erhitzen und die Keulen dann darin langsam erwärmen. Wer die Haut lieber knusprig mag, gibt das Geflügel mit der Hautseite nach oben kurz unter die Oberhitze des Grills.

Maronen statt Kastanien

Haben Sie sich nicht auch schon oft gewundert, dass sich Ihre selbst gesammelten Kastanien so gar nicht pellen lassen? Das liegt leider an der Sorte, denn Maronen, so nennt sich die Edelkastanienart, haben weniger Windungen unter der Schale und werden viel größer. Bei unseren französischen und italienischen Nachbarn waren Maronen und besonders deren Mehl lange ein Grundnahrungsmittel in der Küche. Über Jahrhunderte wurden einfache Kastanienbäume immer weiter veredelt. Große Maronenwälder bringen nun reiche Erträge, die auch als Dosenware oder vakuumiert nach Deutschland exportiert werden. Vor einigen Jahren bekam man gekochte Maronen nur im Delikatessengeschäft oder im Gastronomiefachhandel – heute stehen sie in jedem guten Supermarktregal.

Entenkeule mit Quitten und Maronen

Zutaten für 4 Portionen

Quitten-Fond
1-2 Quitten
½ Zitrone
⅛ l Weißwein
⅛ l Wasser
1 Stück Sternanis
1 Zimtstange

Geschmorte Entenkeulen
4-6 Entenkeulen
1-2 Möhren
100 g Knollensellerie
2 Zwiebeln
2 Knoblauchzehen
2 Lorbeerblätter
1 TL Tomatenmark
1 Stück Sternanis
10 Pimentkörner
1 TL gehackter frischer Ingwer
400 g Maronen aus der Vakuumverpackung
Salz
Pfeffer
Butterfett
1 TL Kartoffelstärke
1-2 TL Honig

Zubereitung

Die Quitten waschen, vierteln und entkernen. Die Schnittflächen mit etwas Zitronensaft beträufeln. Den Weißwein und das Wasser in einen Topf füllen und die Quitten mit den Gewürzen hineingeben. Alles zusammen so lange kochen lassen, bis die Quitten fast gar sind, und dann zur Seite stellen. Das Obst wird später in Spalten geschnitten, mit dem Fond löschen wir den Bratenansatz ab.

Möhren, Sellerie, Zwiebeln und Knoblauch schälen. Das Gemüse in grobe Stücke schneiden und in eine Schüssel füllen. Die Entenkeulen in einer passenden Pfanne von beiden Seiten in wenig Butterfett anbraten. Anschließend das Fleisch auf eine Platte legen und nun die geschnittenen Röstgemüse im Bratensatz weiterrösten. Eventuell noch etwas Butterfett dazugeben und gut umrühren. Nun das Tomatenmark unterheben und weiterrösten. Mit Quitten-Fond ablöschen und noch einmal rühren und alles aufkochen lassen. Die angebratenen Keulen in einen Bräter legen und mit dem Saucenansatz aus Röstgemüse und Quittenfond begießen. Gewürzt wird mit Lorbeerblättern, Piment, Sternanis und Salz. Die Keulen mit einem Deckel verschließen und bei 160°C Umluft circa 1,5 Stunden im Backofen garen.

Das Fleisch aus der Sauce nehmen und kurz warmstellen. Die Sauce in einen Topf passieren und entfetten - die Röstgemüse werden weggeworfen. Mit Salz, Pfeffer und gehacktem Ingwer verfeinern und mit Kartoffelstärke abbinden. Die Quitten in feine Spalten schneiden und mit den Maronen zusammen in der Sauce aufkochen.

Den Honig mit etwas Wasser glattrühren. Die Keulen mit diesem Honigsud bestreichen und unter der Oberhitze des Backofens kurz karamellisieren lassen. Nicht unbeobachtet lassen, der Honig kann schnell anbrennen.

Anrichten
Etwas Quitten-Maronensauce auf jeden Teller füllen und darauf eine Entenkeule legen. Mit Maronen und Quittenschnitzen garnieren. Als Beilagen passen Spätzle oder Reis und Brokkoli oder Rosenkohl.

Parfait

Parfait nennt man sahniges Eis, das Sie gut daheim ohne eine spezielle Maschine zubereiten können. Das köstliche winterliche Dessert bereite ich gerne zu, wenn in der Adventszeit oder zu Weihnachten bei uns daheim viele Gäste am Tisch sitzen. Da ein Parfait mit rohen Eiern zubereitet wird, ist es nicht sehr lange haltbar. Das A und O sind deshalb ganz frische Eier, die ich beim Händler meines Vertrauens auf dem Markt kaufe. Es sind dann Bio-Eier aus Freilandhaltung, die vom Bauernhof kommen.

Ullas Küchentipps

Vorsicht rohes Eigelb!

Kleinkinder, Hochbetagte oder Schwangere sollten nach Vorgaben des Gesundheitsamtes kein rohes Eigelb verzehren. Deshalb wird in Altenheimen, Kindergärten oder Krankenhäusern mit pasteurisiertem Eigelb gearbeitet. Im Privathaushalt muss jeder das Risiko selbst abwägen. Falls sich Keime in den Eiern befinden sollten, reicht es, wenn die Eigelbe bei 70°C circa 10 Minuten aufgeschlagen werden. Auch so manch moderner Zaubertopf, der die Eigelbe für uns rührt und moderat erhitzt, verschafft hier Abhilfe. Die Methode ist eine gute Alternative zu industriell hergestelltem pasteurisierten Eigelb. Am besten ist es, ganz frische Eier zu verwenden und ein Parfait am selben oder am Folgetag aufzuessen.

Serviertemperatur von Speiseeis

Die meisten Tiefkühltruhen arbeiten bei circa -18 bis -21°C. Damit das Parfait die richtige Konsistenz bekommt und auf der Zunge zergeht, sollte es ungefähr -10°C annehmen. Deshalb selbstgemachtes Eis immer rechtzeitig aus dem Tiefkühlfach nehmen und etwas temperieren lassen. Das gelingt am besten im Kühlschrank, weil es hier gleichmäßig antaut.

Zimt-Parfait mit heißen Backpflaumen

Zutaten für 4 Portionen

Zimt-Parfait
3 Eigelbe
1 ganzes Ei
1–2 TL gemahlener Zimt
2 EL flüssiger Honig
200 g süße Sahne

Heiße Backpflaumen
20 Backpflaumen ohne Stein
250 ml Holundersaft
3 EL brauner Zucker
2 Lorbeerblätter
1 TL Kartoffelstärke

Zubereitung

Zunächst die Sahne schlagen – sie sollte nicht ganz fest sein, dann lässt sie sich besser unter die aufgeschlagene Eier-Creme heben.
Drei Eigelb und ein ganzes Ei zusammen in eine Metallschüssel geben. Mit Honig und Zimt verrühren und auf einem heißen Wasserbad zu einer dicklichen Creme aufschlagen. Danach sofort in eine Schüssel mit kaltem Wasser und Eiswürfeln stellen und abkühlen lassen. Zwischendurch mehrmals umrühren. Nun die geschlagene Sahne gleichmäßig unterheben. Eine rechteckige Form mit Klarsichtfolie auskleiden und das Eis einfüllen. Die Form mit Folie verschließen und im Tiefkühlschrank mindestens vier Stunden durchfrieren lassen.

Für die Backpflaumen den Zucker in einem Topf vorsichtig schmelzen lassen und mit Holundersaft ablöschen. Kurz aufkochen und mit wenig Kartoffelstärke abbinden. Die Backpflaumen und die Lorbeerblätter einlegen und die Sauce für circa 1 Stunde ruhen lassen. Vor dem Anrichten die Lorbeerblätter entfernen und wieder kurz erhitzen.

Anrichten
Das Eis aus der Tiefkühltruhe nehmen und im Kühlschrank 30 Minuten vortemperieren. Zimt-Parfait in Scheiben schneiden und zu den eingelegten Backpflaumen reichen. Auch in Rotwein eingelegte Conference-Birnen (s. S. 194) passen hier gut.

Schokoflakes

Wenn ich keine Zeit zum Backen habe und trotzdem etwas Süßes als Gastgeschenk mitbringen möchte, bereite ich aus Cornflakes, Bitterschokolade und braunem Zucker kleine Knusperkekse zu. Im Gegensatz zur Fertigware aus dem Supermarkt schmeckt mein selbstgemachtes Mitbringsel so richtig nach Schokolade und enthält für eine Süßigkeit wenig Zucker. Je nach Lust und Laune verfeinere ich die geschmolzene Schokolade noch mit etwas Kaffeepulver oder gehe in die fruchtige Richtung und aromatisiere mit Orangen- oder Zitronenschale. Wenn die Schokoflakes getrocknet sind, verpacke ich sie in ein großes Einmachglas oder eine hübsche Dose, damit sie den Transport gut überstehen.

Ullas Küchentipps

Unterschiedliche Zutaten sorgen für Abwechslung

Es gibt viele Möglichkeiten, wie man diese Süßigkeit variieren kann. Kaffeepulver gibt eine leicht herbe Note. Entweder mit etwas Espresso/Kaffeepulver würzen oder einen Esslöffel Instantkaffee unterrühren. Das Kaffeearoma schmeckt Erwachsenen, die Süßes nicht gern ganz so süß mögen. Wenn Kinder mitessen, lieber Zimt oder Vanille zugeben. Mit geriebenem Ingwer oder Orangen- und Zitronenschale bekommen die Flakes eine fruchtige Note.

Die Cornflakes sollten nicht gezuckert und aromatisiert sein. Selbst zu zuckern, ist immer besser. So gibt brauner Rohrohrzucker den Flakes mehr Crunch und sorgt für eine leichte Karamellnote. Cornflakes ohne weitere Zusätze bekommt man im Bioladen, im Reformhaus oder im gut sortierten Supermarkt.
Selbst die Schokoladensorte lässt sich austauschen. Unter alle Sorten, von weiß bis bitter, könnte man zusätzlich auch noch Mandelsplitter mischen.

Aufbewahren

Falls man eine große Menge auf einmal herstellen möchte, die Schokoflakes zum Aufbewahren in Dosen mit Deckeln füllen. Dann an einen kühlen Ort, aber nicht in den Kühlschrank, stellen. Hier würde die Schokolade stumpf und die Cornflakes durch die Feuchtigkeit weich werden.

Schokoflakes

Zutaten für 2 Gläser à 1 Liter

130 g Cornflakes ohne Zucker
200 g Bitterschokolade, 70 %
2 EL Rohrohrzucker
1 TL Kaffeepulver
Etwas Zitronenabrieb

Außerdem
Kakaopulver zum Bestäuben

Zubereitung

Die Schokolade in Stückchen brechen oder mit einem großen Messer zerkleinern. Alles in eine Metallschüssel füllen und in ein warmes Wasserbad stellen. Das Wasser sollte nicht zu heiß werden, da sonst die Schokolade ihren Glanz verliert. Gut umrühren bis eine glatte Masse entstanden ist. Nun den Zucker und das Kaffeepulver zugeben. Am besten vermischt man beide Zutaten vorher, dann verteilt sich alles gleichmäßiger. Die Cornflakes mit zwei Esslöffeln vorsichtig unter die Schokolade heben. Nach Gusto mit etwas abgeriebener Zitronenschale verfeinern. Wenn alle Flocken mit Glasur benetzt sind, formt man mit den beiden Esslöffeln Türmchen und setzt sie auf ein mit Backpapier ausgelegtes Blech.

Die Schokoflakes in einem kühlen Raum circa 3 Stunden fest werden lassen. Dann mit Kakao bestreuen und in einer geschlossenen Dose aufbewahren.

Schwarze Oliven

Würzige Knabberstangen

Zutaten für circa 15 Stangen

500 g doppelgriffiges Weizenmehl – auch als Pizzamehl im Handel – sonst Type 405 und 2 EL Weichweizengrieß
280 ml lauwarmes Wasser
15 g Frischhefe
1 TL Rübenkraut
50 ml Olivenöl
Salz
4 EL Olivenöl zum Bestreichen

Verfeinerungen
10 Thymianzweige
100 g Parmesankäse
3 EL Oliven
5 getrocknete Tomatenscheiben

Zubereitung

Die Hefe und das Rübenkraut in 100 ml lauwarmes Wasser geben und alles gut verrühren. Mehl und Grieß in einer Rührschüssel mischen. In die Mitte eine Kuhle drücken und die aufgelöste Hefe hineingießen. Mit etwas Mehl bedecken und den Vorteig so lange gehen lassen, bis er brodelt. Nun Salz, Öl und das restliche Wasser zugeben. Mit den Knethaken eines Handrührgerätes oder mit den Händen gut kneten. Den Teig zu einer Kugel formen, mit einem Tuch bedecken und circa 45 Minuten gehen lassen.

Währenddessen den Käse reiben, Oliven, Trockentomaten und Thymian klein schneiden. Den Teig in zwei Portionen teilen und die eine Hälfte mit Oliven und Thymian und die andere Hälfte mit Tomatenstückchen und Parmesankäse vermischen. Die verschiedenen Teige zu länglichen dünnen Stangen formen und auf Backpapier legen. Die Oberfläche dünn mit Olivenöl einpinseln und noch einmal weitere 30 Minuten gehen lassen.

Den Backofen auf 180°C Umluft vorheizen. Die Hefestangen mit etwas Abstand voneinander auf ein Backblech legen und im Backofen bei 180°C Umluft circa 20 Minuten backen. Zwischendurch einmal umdrehen, damit das Gebäck gleichmäßig bräunt. Auskühlen lassen und frisch verzehren.

Ullas Küchentipps

Würzstangen können Sie im Voraus backen und einfrieren. Und dann, bevor die Gäste eintreffen, im Ofen schnell noch einmal aufbacken. Für Kinder einige Exemplare ohne Oliven und Tomaten bereithalten. Der Nachwuchs mag es lieber schlicht und klar.

Rezeptregister

Gruß und Dank aus Ullas Küche

Ich danke allen Beteiligten im Lempertz-Verlag für die konstruktive und inspirierende Zusammenarbeit an diesem Kochbuch.

Besonderer Dank geht an Antje Heel (Edition Lempertz) und Kirsten Schmitz (WDR Mediagroup), die sich so unbeirrt und geduldig für das WDR 4 Kochbuch-Projekt eingesetzt haben.

Meine liebe Freundin Marita Schwarz hat alle Rezepte auf Herz und Nieren geprüft. Es gab viele Nachmittage, wo wir beide auf der Bank vor ihrem Gartenhaus saßen und über den Wochenmarkt, gutes Essen und die Region nachgedacht haben.

Nicht verzagen Wolli fragen! Wolli Braun, mein wunderbarer Geschäftspartner und Kochmentor aus Tafelspitzzeiten, ist einfach nach wie vor mein Lieblingskoch, der auf jede meiner Fachfragen immer die richtige Antwort weiß.

Dank geht besonders an meine allerbesten Kolleginnen und Kollegen der WDR 4-Redaktionen in Köln und Dortmund, die mich seit vielen Jahren auf meinem Weg zur Radio-Köchin unterstützt und liebevoll begleitet haben.

Das Wichtigste zum Schluss
Dank an alle treuen Hörer, die den WDR 4-Kochtipp regelmäßig einschalten und Rezepte und Koch-Videos zur Sendung auf der WDR-Homepage abrufen. Einige Fans treffe ich manchmal bei meinem Bäcker, auf dem Markt oder beim Hundespaziergang.

Ein herzliches Dankeschön an Sie, liebe Leserinnen und Leser, die Sie dieses Buch in den Händen halten. Ich wünsche und ich hoffe, dass meine Rezepte Ihnen neue Anregungen bieten und Ihnen Lust machen, oft auf dem Markt einkaufen zu gehen.